Sérgio Nogueira
Ozanir Roberti

PORTUGUÊS ELEMENTAR
para Concursos

IESDE Brasil S.A.
Curitiba
2011

Dados Internacionais de Catalogação na Publicação (CIP)
(Câmara Brasileira do Livro, SP, Brasil)

Nogueira, Sérgio
Português elementar para concursos / Sérgio Nogueira, Ozanir Roberti. -- Curitiba, PR : IESDE, 2011.

Bibliografia

1. Português - Concursos 2. Português - Estudo e ensino I. Roberti, Ozanir. II. Título.

11-09669 CDD-469.076

Índices para catálogo sistemático:

1. Português : Concursos 469.076

ISBN: 978-85-387-2456-8

Capa: IESDE Brasil S.A.
Crédito da imagem: Shutterstock

IESDE Inteligência Educacional

IESDE Brasil S.A.
Al. Dr. Carlos de Carvalho, 1.482. CEP: 80730-200
Batel – Curitiba – PR
0800 708 88 88 – www.iesde.com.br

Sérgio Nogueira Duarte da Silva

Mestre em Língua Portuguesa pela PUC do Rio de Janeiro; graduado em Letras pela UFRGS; consultor do Sistema Globo de Jornalismo (TV Globo, Rádio CBN, Portal G1, jornais O Globo, Extra e Expresso*).*

Ozanir Roberti

Professor especialista em Língua Portuguesa pela Universidade Veiga de Almeida; graduado em Letras e Direito, pela UNISUAM e UFRJ; professor titular e coordenador da pós-graduação de Língua Portuguesa da UVA; consultor dos jornais O Globo, Extra e Expresso*; membro efetivo da Academia de Letras do Estado do Rio de Janeiro.*

Sumário

Apresentação

Todo o caderno de exercícios é estruturado à base de exercícios eminentemente práticos e simples, de maneira que o usuário possa recordar e fixar os conceitos teóricos apresentados nas videoaulas.

Para facilitar ainda mais o aprendizado, antes de cada exercício, há uma sintética explicação sobre o conteúdo a ser fixado.

O objetivo de cada exercício é bem claro: a aplicação dos conceitos básicos e suas variantes possíveis. Não há "pegadinhas" nem "armadilhas".

Redação

Adequação da linguagem

Variantes linguísticas e a linguagem para redação formal; o culto e o coloquial; usos formal, semiformal e informal; clareza: palavras simples, precisas e adequadas; os clichês; concisão e correção gramatical; níveis da fala: popular e vulgar; o uso e a regência do verbo "ir". No final, foram colocados alguns testes bem especiais.

1. Reescreva as frases, mudando de linguagem coloquial para formal.

a) Aí, tô dentro.
b) Mermão, ela pirou.
c) O cara tá ligadão...
d) O goleiro papou um frangaço.
e) Isso é caô.
f) Tô te filmando, pessoa.
g) O bandido dançou...
h) Vai lá: é 0800!

2. Determine se a construção é formal ou informal e reescreva estas, tornando-as coerentes com textos formais.

a) A gente sabe fazer tudo isso.
b) Nós podemos receber esse apoio de vocês.
c) A menina encontrou ele na praia.
d) Os americanos se tornaram menos mal vistos com a eleição de Obama.
e) Trouxeram dois livros para mim ler.
f) Espere aí, quero falar consigo.
g) Toma o seu casaco e vá embora!
h) Eu mermo vou lá resolver isso.

3. Complete as frases com a palavra mais precisa.

a) O menino ______________ a barata. (matou / assassinou)
b) As duas garotas queriam ____________ o segredo do rapaz. (descobrir / enxergar)
c) O motorista ________________ o automóvel rumo ao trabalho. (pilotava / dirigia)
d) O provável suspeito ____________ o trem que descia em direção ao mar. (guiava / conduzia)
e) O camelô do outro lado da rua ______________ as qualidades, provavelmente falsas, do seu produto. (apregoava / falava)

f) Nós ________________ o desenrolar da partida pelo rádio. (acompanhávamos / ouvíamos)

g) Os turistas que ________________ o Trem do Corcovado naquele sábado ficaram frustrados, pois ele estava parado. (visitariam / utilizariam)

h) O professor ________________ suas teses diante de um auditório lotado. (colocou / apresentou)

4. Reduza as frases, mantendo apenas o essencial, mostrando seu poder de síntese.

a) Em Barcelona, visitamos uma pinacoteca de quadros.
b) A merenda escolar é uma necessidade nas escolas de um país pobre como o nosso.
c) O jogador saiu para fora do campo com a bola.
d) O paciente estava com uma forte hemorragia de sangue.
e) Construíram uma longa cerca dividindo a terra invadida em duas metades.
f) São invenções nunca imaginadas, como, por exemplo, uma motocicleta com capota.
g) Aquela jovem é muito egoísta, visto que só se preocupa consigo mesma.
h) O menino da comunidade pobre é o elo de ligação entre o jornalista e os marginais.

5. Substitua os clichês destacados, todos desagradáveis, por formas melhores para uma redação formal.

a) *Ao apagar das luzes*, o prefeito inaugurou um hospital inacabado.
b) Os grevistas e os patrões devem *chegar a um denominador comum* nas negociações.
c) O povo *foi dar o último adeus* ao seu ídolo.
d) Aquela notícia *estourou como uma bomba* na nossa sociedade.
e) O apresentador preveniu o público sobre *as imagens impressionantes* que viriam a ser mostradas.
f) A contratação daquele atacante veio a *preencher uma lacuna* na escalação do time carioca.
g) Sete times continuam lutando para *fugir do fantasma do rebaixamento* no Brasileirão.
h) *Um batalhão de repórteres* aguardava a chegada do presidente do Brasil.

6. Escolha a opção ideal, em termos de clareza, para completar cada frase.

a) Marcamos um encontro com a intenção de ________________. (acertarmos os ponteiros / chegarmos a um acordo)

b) O clube declarou que o complexo esportivo de Paranaguá estava ________________. (a nosso inteiro dispor / disponível para nós)

c) A atuação do time, no jogo de sábado, foi uma ________________. (agradável surpresa / surpresa positiva)

d) A crise econômica exigia que todos ________________. (apertassem os cintos / fossem comedidos)

e) A escolha do vice-governador para Secretário de Obras ________________. (caiu como uma luva / foi acertadíssima)

f) Parece mesmo que o atacante paranaense é a ____________. (melhor indicação / bola da vez)
g) Fazia, naquele verão, um ____________. (calor insuportável / calor senegalesco)
h) Parece que nossa tentativa de explicação foi ____________. (chover no molhado / inútil)

7. Melhore a redação dos seguintes períodos, substituindo passagens mais coloquiais por outras mais formais.

a) O engraçado é que, quando a gente cresce, elas nos trocam por caras mais velhos.
b) O importante é que eles são brasileiros que nem eu.
c) O povo não acredita mais no voto e nos políticos, só que é assim que se desenvolve a democracia.
d) Ela mais eu vamos ir amanhã a São Paulo.
e) Eles vão vim até aqui amanhã.
f) Tais atitudes podem corresponder ao nosso desejo e elevarem os carentes a uma posição melhor.
g) Os estudantes não escreveram nada sobre a dificuldade da prova.
h) Vou recebê-los com todo o amor desse meu coração.

8. Assinale o único uso correto do verbo ir. Justifique tal correção. Em seguida, reescreva as outras frases, eliminando as imperfeições linguísticas.

a) Mariana foi no cinema com os dois irmãos mais novos.
b) Eu já disse que vou ir amanhã bem cedo.
c) Amigos, agora eu vou indo...
d) Se for ao cinema com você é algo que me alegra, claro que eu irei.
e) Nós fôramos àquela cidade para receber uma bela lição de vida.

Teste seus conhecimentos

1. Leia o trecho com atenção e assinale o item em que se "traduziu" de maneira inadequada o "baianês" do texto.

"Ói, na moral, cê vai achar que é culhuda, mas, certa feita, véspera de São João, tava eu mais Otoniel, amigo-irmão meu, cumeno água num cacete armado defronte do mercado de Itapoã, sentados em dois tamboretes, de junto com o meio-fio."

a) "Ói", "cê" e "tava" - reduções de "Olha" e "estava", além de grafia ruim de "se".
b) "culhuda" - "mentira".
c) "certa feita" - "numa certa vez".
d) "cumeno água" - "bebendo cachaça".
e) "num cacete" - "numa barraca".

2. Assinale em que item não há qualquer marca de linguagem coloquial ou falada.

a) Me garante, por favor, que você não vai chegar tarde.
b) Nós precisávamos vencer, então metemos os peitos.
c) Eles não se lembraram dos motivos da viagem de janeiro.
d) Rapidinho, vou ali e já volto.
e) A cidade é linda. Vem logo você também.

3. Qual das maneiras de substituição do futuro do presente pela forma perifrástica não seria bem-vinda num texto bem construído?

a) Nós chegaremos no horário. / Nós vamos chegar no horário.
b) Ele prosseguirá nas suas pesquisas. / Ele vai prosseguir nas suas pesquisas.
c) Os dois meninos pararão de persegui-las. / Os dois meninos vão parar de persegui-las.
d) A sociedade irá por esse caminho sem volta. / A sociedade vai ir por esse caminho sem volta.
e) Eu sempre escutarei os conselhos dos mais velhos. / Eu sempre vou escutar os conselhos dos mais velhos.

Precisão vocabular

Palavras homônimas e parônimas; falsos sinônimos; a precisão da frase; a correta construção de textos. No final, foram colocados alguns testes bem especiais.

1. Selecione o homônimo adequado.

a) O novo assessor queria ______________ ao posto de secretário. (acender / ascender)
b) A Reforma Ortográfica altera o uso de alguns ______________ gráficos. (acentos / assentos)
c) Aos maus políticos, nós ______________ corretamente, o que é diferente de ______________ animais. (cassamos / caçamos // cassar / caçar)
d) O monge se recolheu à sua ______________ para rezar. (cela / sela)
e) O governo encomendou um novo ______________ educacional com o objetivo de rever as necessidades de investimento na área. (senso / censo)
f) Ao subirmos a serra, encontramos uma forte ______________. (serração / cerração)
g) O rapaz pode ser jovem ou ______________, mas não é ignorante ou ______________. (incipiente / insipiente)
h) O vestido daquela moça está um pouco ______________. (russo / ruço)

2. Selecione o homônimo ou parônimo adequado.

a) Na ______________ de "achados e perdidos", haveria uma ______________ especial em que muitos aparelhos não procurados seriam objeto de uma ______________ aos pobres. (cessão / seção / sessão)
b) Aquilo foi algo cruel para destacar a ______________ de trânsito, enfim, uma surpresa ruim tirada do ______________ de maldades do prefeito. (inflação / infração // sexto / cesto)
c) Todos deveríamos beber uma xícara de ______________ depois das refeições. (xá / chá)
d) Os jogadores ficam ______________ no campo durante o "minuto de silêncio" pela morte do dirigente, numa atitude ______________. (estáticos / extáticos // decente / descente)
e) Haverá, no próximo sábado, um ______________ no Teatro Municipal cuja ______________ do roteiro não nos agradou. (conserto / concerto // descrição / discrição)

f) Jovens normalmente já são ________________ em informática, porém, com mais estudo se tornam verdadeiros ________________. (expertos /espertos)

g) O problema no trânsito aconteceu devido ao rompimento da tubulação de água na ________________ das ruas Vinicius de Moraes com Manuel Bandeira. (interseção / intercessão)

h) Não cabe qualquer ________________ de segurança, pois nunca se deve ________________ a imprensa como irresponsável quando ela cumpre o seu papel de denunciar irregularidades e proteger as fontes. (mandato / mandado // taxar / tachar)

3. Reescreva as frases substituindo as gírias, os palavrões ou jargões por formas mais adequadas ao discurso formal.

a) Operação de caça aos "*gatos*" acaba com a *farra* em prédio.
b) O líder do governo considerou a ideia da oposição um *factoide*.
c) A mulher do ex-policial preso também está *na mira da polícia*.
d) Movimento rural diz que a decisão judicial foi *sacanagem*.
e) Ministro do TSE diz que o candidato *vai ter que "rebolar"* para recuperar o mandato.
f) A torcida do clube paranaense pediu *a cabeça* do juiz.
g) Agora, o ladrãozinho folgado terá que ficar *pianinho* por cinco anos...
h) As cenas de *vuco-vuco* não chegam a estragar o cinema nacional.

4. Reescreva as frases substituindo as palavras estrangeiras ou empréstimos por formas mais condizentes com o discurso formal.

a) No gol do time paulista, atacante estava em claríssimo *offside*, mas o juiz não marcou.
b) O Brasil é campeão mundial de *beach soccer*.
c) Inauguraram na esquina da segunda rua um restaurante tipo *self service*.
d) A atriz marcou sua *performance* para o próximo domingo.
e) Tal informação apareceu naquele *paper* que chegou ontem.
f) É preciso *startar* o aparelho para encontrar o documento *atachado*.
g) Às 10 horas, haverá um novo *break*. (intervalo)
h) A palestra feita pelo consultor visava a dar um *input* nas novas ideias da empresa. (inserir)

5. Identifique as falhas de tradução e reescreva as frases substituindo o trecho menos claro por algo melhor.

a) A Audi informa que começará a produzir o A4 na planta do Paraná.
b) O clube catarinense anunciou nesta sexta-feira o nome de seu novo *partner*.
c) A Dodge pretende trazer para o Brasil a sua nova *station*.
d) A indústria americana vendeu neste mês muito menos *suvs* devido à crise econômica.
e) A nova primeira-ministra até parece uma boa *hostess*.
f) Falta definir dois dos participantes do *play-off* do campeonato brasileiro de vôlei.
g) Tudo indicava que a aeronave estava perdendo poder.
h) A polícia revela que acabou de prender o *capo di tutti capi*.

6. Selecione a palavra mais adequada para preencher a lacuna.

a) O Tribunal de Justiça ________________ (acatou / acolheu / obedeceu) o recurso impetrado pelo partido.
b) O prefeito ________________ (admitiu / reconheceu / confessou) sua participação no episódio.
c) Os preços das roupas importadas estão mais ________________, ao contrário dos produtos nacionais que ficaram mais ________________. (altos / caros / baixos / baratos)
d) Há queixas de que ________________ de novas dívidas complicam a aprovação das contas da prefeitura. (a aparição / o aparecimento)
e) Aquele treinamento precisa ser ________________ para surtir o efeito desejado mais rapidamente. (bimensal /bimestral)
f) Os campos de petróleo em frente à cidade de Macaé provam que a costa é ________________. (carioca / fluminense)
g) Os pequenos produtores têm encontrado certas dificuldades na hora de ________________ seus produtos. (vender / comercializar)
h) As ações das empresas ________________ na última semana. (despencaram / caíram / desceram)

7. Selecione o vocábulo mais adequado para preencher cada lacuna.

a) Os traficantes tiveram seus bens ________________ depois da condenação em última instância. (confiscados / desapropriados)
b) Aquela fonte de água mineral está ________________, pois, nos exames, constataram a presença de bactérias bem perigosas. (poluída / contaminada)
c) O noticiário da TV ________________ ontem a recuperação de um veículo roubado no Paraná. (denunciou / revelou / mostrou)
d) O incidente revelado pelo jornal teria ocorrido próximo à ________________ do Paraná com a Argentina. (divisa / fronteira)
e) As lojas da nossa cidade, que sempre apresentam o produto com boa margem de escolha, comprovam a ________________ do suco de uva gaúcho. (falta / escassez)
f) O escritor ________________ viria ao país na época do Natal, mas preferiu conhecer o carnaval carioca. (hindu / hindi / indiano)
g) Os estudantes iniciaram ontem, pela terceira vez, novamente sem violência, a ________________ do prédio da reitoria da universidade estadual. (invasão / ocupação)
h) No almoço de hoje, comerei ________________ de ontem. (o mesmo alimento / o alimento igual ao)

8. Identifique a palavra mal usada e a substitua por outra mais precisa.

a) O comunicado da empresa falou que haveria férias coletivas a partir de 1.º de dezembro.
b) A nova companhia aérea já começa voando para três cidades internacionais.
c) O rapaz esperava impressionar a jovem recitando uma poesia de Vinicius de Moraes.

d) Novo edital para banda larga sem fio só sairia depois de ganho na Justiça.
e) Os habitantes do bairro se sentiram revoltados com o fato de os acidentados de ontem terem seus corpos jogados no asfalto durante mais de cinco horas.
f) Ontem, também teve sol forte e praias lotadas no Rio.
g) O velho marinheiro, próximo da morte, pediu a garantia de um enterro no mar.
h) Nascido na Bolívia, o empresário de descendência polonesa passou a adolescência no Chile e, agora, vive no Brasil.

Teste seus conhecimentos

1. Complete as lacunas com as palavras na ordem correta e assinale a resposta devida.

"O concertista ________________ é um digno representante do povo ________________, o que engrandece a tradição ________________".

a) israelense, judeu, israelita.
b) israelita, judeu, israelense.
c) judeu, israelense, israelita.
d) israelense, israelita, judeu.
e) israelita, israelense, judeu.

2. Assinale a frase com erro de grafia.

a) *Mal* a menina nos viu, começou a comemorar nossa chegada.
b) Tal fato aconteceu *há* dez anos, quando ainda morávamos no campo.
c) A verdade é que eles não gostam de fazer provas, *mais* têm de fazê-las sempre.
d) O jovem, *ao invés de* sentar na primeira cadeira, sentou na última e começou a responder à questão.
e) O caminhão entrou na contramão e foi *de encontro a* um ônibus que chegava ao centro.

3. Marque o item que se completa com a segunda forma colocada entre parênteses.

a) Não se conhece o real motivo ________________ houve tanta abstenção. (por que / porque)
b) Todos querem saber o ________________ de a cidade não usar bem a verba. (porquê / por quê)
c) ________________ a sociedade culpa sempre os políticos? (Por que / Porque)
d) O povo não entende direito tantas mentiras dos políticos. ________? (Por quê / Porquê)
e) Ora, as pessoas já não têm tanta paciência, ________________ é comum que se frustrem a cada eleição. (por que / porque)

Construção frasal

Ordenação das palavras; coesão textual; coerência; correspondência semântica.

No final, foram colocados alguns testes bem especiais.

1. Reescreva os períodos de modo tal que melhore a ordenação das palavras.
   a) O torcedor, quando pega no pé dos jogadores, eles erram mais.
   b) Após o treino, jogadores do Botafogo tentaram ontem mostrar que estão unidos.
   c) O novo ministro da Cultura disse que transferirá a direção da Funarte, cujo novo presidente foi anunciado ontem, Sérgio Mamberti para Brasília.
   d) O time de Felipão superou o Hull por 3 a 0, fora de casa, com quem dividia a segunda colocação do Campeonato Inglês.
   e) Rafaela, de 13, que ficou muito feliz: ela ganhou um dia num *day spa* como presente de aniversário da mãe.
   f) Estudo canadense feito em 52 países com mais de 16 mil pacientes revelou que a dieta rica em gordura e sal responde por 35% dos ataques cardíacos.
   g) O governador parece preocupado; por isso, se reúne com todo o secretariado hoje.
   h) Pedro Torres Fraga lembra que sofreu na pele, como então ministro das Relações Institucionais, as críticas da oposição à reabertura dos casos.

2. Todas as frases estão mal construídas, devido a uma ordenação indevida, além de repetições ou ambiguidades; assim, reescreva-as de tal forma que fiquem mais claras.
   a) Tesouro dos EUA pode estatizar bancos com risco de ir à falência.
   b) Firma brasileira pede respeito ao Equador.
   c) Governador cancela taxa de incêndio dupla.
   d) Tudo se deveu a uma derrota diante do time mineiro, que foi responsável pela queda do time paranaense.
   e) É o fim de um ciclo, como admitiu Cesar Maia no domingo, que começa a se despedir para o novo prefeito.
   f) Amanhã, as Forças Armadas ocuparão áreas próximas das comunidades pobres e das seções eleitorais, quando mais de 4,5 milhões de eleitores vão às urnas para votar.
   g) Como a foto do candidato só aparece antes de o voto ser finalizado, só receberia o dinheiro quem dissesse ao candidato que não há nenhuma imagem após concluída a votação.
   h) Renan Calheiros disse ao ministro José Múcio que seu partido tem a maior bancada e tem o direito de pleitear a presidência do Senado na noite de anteontem.

3. Reescreva as frases, melhorando a coesão textual.

a) O menino chegou tarde, porque o menino não sabia o horário.
b) Compramos uma casa nova. A casa é bem bonita.
c) Eu sinto falta de minha cidade, pois minha cidade me traz doces lembranças.
d) Jorge Amado foi um grande escritor, e eu gosto muito dos livros de Jorge Amado.
e) A menina esqueceu o seu celular na escola, porque havia colocado o celular sob a carteira.
f) Nós amamos a seleção brasileira de futebol, ainda que a seleção não nos dê sempre as alegrias que esperamos.
g) O vendedor de óculos escuros é uma figura normal nas praias nordestinas, porque os óculos escuros são necessários ali.
h) Houve graves acidentes na estrada de Florianópolis devido ao mau tempo reinante na região. Os acidentes causaram duas mortes.

4. Veja que, nos casos destacados abaixo, a coesão, para evitar a repetição, nem sempre foi bem feita. Refaça-a, obedecendo aos comandos e, consequentemente, tornando cada frase mais clara e precisa.

a) O brasileiro não confia no americano, porque *ele* nem sempre é amigo. (pronome demonstrativo)
b) Dificuldade e emoção combinam muito, *uma* aumenta o desejo e outra, o prazer. (numerais)
c) Tal prática era muito condenada numa sociedade antiga, quando *ela* não era bem analisada. (substantivo)
d) O país precisa retomar o crescimento, já que *ele* é o melhor para o povo. (pronome demonstrativo)
e) A classe política adora Brasília porque *ela* é uma festa. (advérbio)
f) Interesses econômicos e projetos sociais, às vezes, se opõem, mas o certo é que, num país com tantos pobres, *uns* são mais urgentes do que *os outros*. (numerais)
g) Homens e mulheres não veem tal situação da mesma forma, *uns* acham os avanços pequenos, enquanto *os outros* os consideram apressados. (pronomes pessoais e pronome demonstrativo)
h) Carros americanos e brasileiros têm concepções básicas diferentes quanto ao consumo de combustível, *uns* são mais econômicos e *os outros* mais potentes. (pronome possessivo e preposição + pronome pessoal)

5. Identifique as falhas de redação, em vista de se tratarem de claras incoerências, e reescreva as frases de modo adequado.

a) A polícia suspeita que ele seja um dos braços direitos do traficante Boladão.
b) Kaká fez 51 gols na temporada, e Ronaldinho Gaúcho, duas vezes menos.
c) Aeroporto de Congonhas é campeão de acidentes no Brasil.

d) Preso ontem, em Curitiba, o líder da quadrilha que assaltou o Banco do Brasil em Porto Alegre.
e) O saldo do acidente rodoviário com ônibus no Sul foram duas vítimas fatais.
f) Na queda do casarão, a mulher, por sorte, só perdeu uma das pernas.
g) O carro das moças foi cercado pelo assaltante armado com um fuzil.
h) Na madrugada de sexta-feira, no centro da cidade, a imprudência fez nova vítima.

6. Agora, identifique as incoerências e reescreva as frases de modo adequado.

a) Houve muita briga na praça central durante os protestos contra a atitude agressiva do prefeito e a favor da sua decisão polêmica.
b) Os jogadores do Paraná Clube querem recuperar o prejuízo de sábado.
c) O time paranaense tem de correr atrás do prejuízo.
d) O juiz da partida não considerou o gol porque viu a bola entrar por fora.
e) O estreante faz hoje sua segunda partida pelo Furacão.
f) Em relação ao esperado encontro entre os dois políticos, não aconteceu nada.
g) Antes mesmo do lançamento do prédio que ocupa o último terreno vazio da orla de Copacabana, foram vendidas as duas coberturas.
h) Tal fato fez-nos crer que o Executivo é o único responsável pela crise, mas a verdade é que o Legislativo também é o principal responsável.

7. Marque o item em que a substituição de uma frase por outra não conservou a ideia inicial.

a) Quando as comemorações começaram, iniciou a confusão.
( ) Assim que as comemorações começaram, iniciou a confusão.
( ) Logo que as comemorações começaram, iniciou a confusão.
( ) Tão logo as comemorações começaram, iniciou a confusão.
( ) Porque as comemorações começaram, iniciou a confusão.

b) A turma desenvolverá a ação solidária, se a diretoria a apoiar.
( ) A turma desenvolverá a ação solidária, caso a diretoria a apoie.
( ) Desde que a diretoria a apoie, a turma desenvolverá a ação solidária.
( ) A turma desenvolverá a ação solidária, quando a diretoria a apoiar.
( ) A turma desenvolverá a ação solidária, contanto que a diretoria a apoie.

c) Ainda que as condições sociais fossem adequadas, os governantes não aproveitaram o momento para se mostrarem dignos de modernos.
( ) Ainda que as condições sociais fossem adequadas, os governantes não aproveitaram o momento para se mostrarem dignos de modernos.
( ) Contanto que as condições sociais fossem adequadas, os governantes não aproveitaram o momento para se mostrarem dignos de modernos.
( ) Por mais que as condições sociais fossem adequadas, os governantes não aproveitaram o momento para se mostrarem dignos de modernos.

( ) Embora as condições sociais fossem adequadas, os governantes não aproveitaram o momento para se mostrarem dignos de modernos.

d) Os professores prepararam todos os detalhes, para que a prova transcorresse em clima de calma e tranquilidade.

( ) Os professores prepararam todos os detalhes, para a prova transcorrer em clima de calma e tranquilidade.

( ) Os professores prepararam todos os detalhes, a fim de que a prova transcorresse em clima de calma e tranquilidade.

( ) Os professores prepararam todos os detalhes, a fim de a prova transcorrer em clima de calma e tranquilidade.

( ) Os professores prepararam todos os detalhes, desde que a prova transcorresse em clima de calma e tranquilidade.

8. Complete com a forma correta dentre as que aparecem em cada item.

1. [sairá - saía - sairia - saiu]

a) O atleta ____________________ tarde, mas logo alcançou os rivais.
b) O atleta ____________________ tarde, mas logo alcançava os rivais.
c) O atleta ____________________ tarde, mas logo alcançaria os rivais.
d) O atleta ____________________ tarde, mas logo alcançará os rivais.

2. [Houve - Havia - Haverá - Há]

a) ____________________ necessidade de que as autoridades fossem comunicadas do evento.
b) ____________________ necessidade de que as autoridades sejam comunicadas do evento.
c) ____________________ necessidade de que as autoridades tivessem sido comunicadas do evento.
d) ____________________ necessidade de que as autoridades venham a ser comunicadas do evento.

3. [poder resolver - podendo resolver - pudesse resolver - possa resolver]

a) Conquanto ____________________ o caso, sempre deixa para depois a sua reação.
b) Apesar de ____________________ o caso, sempre deixa para depois a sua reação.
c) Mesmo ____________ o caso, sempre deixa para depois a sua reação.
d) Ainda que ____________________ o caso, sempre deixava para depois a sua reação.

Teste seus conhecimentos

1. Ao lermos, "Os torcedores comemoraram a linda partida na Arena da Baixada, quando o Furacão se tornou campeão brasileiro", fixamos uma informação que só é exatamente igual em:

a) "Os torcedores comemoraram a linda partida na Arena da Baixada, onde o Furacão se tornou campeão brasileiro."
b) "Os torcedores comemoraram a linda partida na Arena da Baixada, em que o Furacão se tornou campeão brasileiro."
c) "Os torcedores comemoraram a linda partida na Arena da Baixada, desde qual o Furacão se tornou campeão brasileiro."
d) "Os torcedores comemoraram a linda partida na Arena da Baixada, que o Furacão se tornou campeão brasileiro."
e) "Os torcedores comemoraram a linda partida na Arena da Baixada, porque o Furacão se tornou campeão brasileiro."

2. Veja bem: "Domingo, fui à praia com minha namorada. Acordamos *cedo*, por volta das dez da manhã, e, após um longo congestionamento, chegamos ao local *rapidamente*.

Lá, encontramos alguns amigos da faculdade, *e, por isso,* preferimos ficar sozinhos. Passamos um dia muito *agradável*, já que brigamos durante muitas horas."

Para o texto ficar coerente, é preciso mudar as palavras e expressões destacadas por:

a) tarde - logo - e, tampouco - desagradável.
b) logo - depois de muito tempo - mas, com isso - maravilhoso.
c) logo - em poucos minutos - e, apesar disso - excelente.
d) tarde - depois de muito tempo - mas, apesar disso - desagradável.
e) tarde - em poucos minutos - mas, com isso - desagradável.

3. A noção circunstancial está mal identificada em:

a) A moça, *embora fosse atenta*, não conseguia aprender tudo. (concessão)
b) *Mal chegaram*, procuraram os amigos. (tempo)
c) *Como a noite se aproximava*, resolveram acampar ali mesmo. (causa)
d) *Desde que eles tenham tempo*, devem vir à aula. (condição)
e) Não só haviam se tornado especialistas no assunto, *mas também conheciam outras formas de expressão.* (adição)

Concisão

Verbalização e nominalização; eliminação de repetições e redundâncias; o pleonasmo útil e o vicioso; elipses; emprego de pronomes; uso de palavras sinônimas; evitando o desnecessário e o burocrático. No final, colocaram-se alguns testes bem especiais.

1. Transforme os substantivos destacados em verbos ou os verbos em substantivos.

   a) A prefeitura construiu várias casas para *o abrigo* de pessoas prejudicadas pela enchente.
   b) Parece *haver* mais de um culpado na crise governamental.
   c) A cidade se preparou para a *recepção* aos visitantes de verão.
   d) O certo é *enviar* o tal documento para a sede campestre da associação.
   e) Está na hora de *experiências* com novas diversões mais radicais.
   f) Convém *estudar* novas soluções para os problemas ambientais.
   g) Não se deve depender de *conhecimentos* sem base científica.
   h) É necessário *conhecer* melhor as sugestões da oposição.

2. Há, em todas as frases abaixo, pleonasmos e anacolutos; porém, alguns poderiam ser mantidos em vista do estilo e da clareza. Reescreva aqueles cujas repetições ou redundâncias devem ser evitadas.

   a) A sociedade paranaense, ela não aprova os gastos excessivos do governo.
   b) A mim, parece-me que o aquecimento global deve merecer maior atenção.
   c) Nós vimos com esses olhos que não se cansaram de olhar algo tão estranho.
   d) O menino, a mãe disse a ele que fizesse uma escolha mais equilibrada.
   e) Morrer morte de herói é algo que não diminui a dor da perda.
   f) A professora fez observações importantes ao seu aluno, mas o seu sentimento de culpa dele era grande.
   g) As leis, sempre devemos obedecer a elas, mesmo que não pareçam boas.
   h) O atacante pisou com o pé o zagueiro que estava caído na entrada da área.

3. Elimine as repetições, estabelecendo um padrão melhor de linguagem.

   a) Dois dos bandidos mortos seriam da Vila Operária, na periferia de Curitiba, e, com os mortos, foram encontrados um fuzil, uma pistola, um revólver e uma escopeta.
   b) Uma das principais críticas foi o fato de a emissora ter deixado o programa, gravado no dia 16, ter ido ao ar cinco dias depois, o que resultou no vexame final.
   c) João Lessa não concorda 100% com Mariana Fraga, mas ambos concordam que o governo precisa sair em socorro das empresas.

d) Esse certificado dá direito a isenção. Quem perde o certificado por alguma irregularidade é obrigado a recolher o dinheiro dos impostos que deixou de repassar aos cofres públicos.
e) A Polícia Militar goiana entrou em campo por causa da reclamação dos jogadores do Caxias por causa da marcação de um pênalti.
f) Lá dentro, soube-se depois, a reunião se desenrolava em um ambiente inesperadamente disputado, em que os líderes republicanos colocavam-se contra a posição do presidente Bush, que presidia a reunião com uma aparência abatida.
g) O técnico Luis Aragonés, segundo Parreira, disse que, para vencer a Eurocopa, a Espanha priorizou os toques rápidos e inteligentes em vez de priorizar qualquer esquema de jogo.
h) A vereadora eleita em Paranaguá tem ligado para políticos mais experientes, não necessariamente ligados ao grupo de seu pai.

4. Todas as frases abaixo apresentam alguma redundância. Reescreva-as, eliminando-a e tornando o texto mais formal.

a) Apoiado pela maioria dos equatorianos, Rafael Correa deve obter hoje apoio à nova Constituição.
b) A feira Brasil Rural Contemporâneo vai reunir no Rio de Janeiro produtos produzidos no interior do país de forma sustentável.
c) A estatização da subsidiária norueguesa Kaupthing inclui todas as operações bancárias no país e foi incluída em um novo conjunto de regras.
d) Um jornal diário tem um valor intrínseco que muitas vezes não é percebido: além de ser um veículo de informação, ele se torna muitas vezes um documento histórico.
e) A farinha, produzida no Brasil, está sendo barrada por uso de pesticida usado no Brasil e proibido nas lavouras de milho americanas.
f) O atleta brasileiro falou da necessidade de antecipar a viagem para a Espanha, passando a viajar no sábado.
g) O governador justificou a participação de partidários de sua candidatura no ato de sábado.
h) Os líderes aliados decidiram iniciar um esforço para votar a reforma tributária, embora governadores do PSDB e do PMDB não concordem em votá-la num ambiente de crise econômica.

5. Complete as frases com um dos pronomes colocados dentro dos parênteses.

a) A secretária avisou- ____________ (o ou lhe) que a hora da reunião havia chegado.
b) Informaram- ____________ (no ou lhe) dos motivos da ausência dos empresários.
c) No jogo do nosso time, ficamos tensos enquanto ____________ (lhe assistíamos ou assistíamos a ele).
d) O certo é que não ____________ (o ou lhe) proibiram envidar todos os esforços para recuperar o tempo perdido.
e) Ela, hoje, odeia seu irmão, mas contou-me que ____________ (o namorou ou namorou-lhe) durante seis meses.
f) Novos tempos permitiram- ____________ (no ou lhe) esquecer os dolorosos acontecimentos daquela viagem.

g) Os superiores encarregaram- ______________________ (no ou lhe) de comentar os casos mais complicados.
h) Nossa turma foi sempre bem comportada, porém não ____________________ (a ou lhe) perdoamos a falta mais recente.

6. Complete a lacuna com o pronome relativo adequado precedido da preposição conveniente à regência de cada verbo.

a) O conto daquele livro ______________________ mais gostei foi premiado.
b) A cantora de jazz é uma pessoa ______________________ jamais me esquecerei.
c) Tu tens certeza de que é este o cargo ______________________ aspiras?
d) A cidade ______________________ chegamos na nossa viagem de férias não tinha hotéis.
e) Aquela mulher de saia vermelha é a repórter ______________________ simpatizo muito.
f) Todo o secretariado recebera alguns elogios ______________________ não costumava ter qualquer lembrança.
g) Era a hora de receber um carinho ______________________ a moça estava muito necessitada.
h) O rapaz ouviu as palavras duras com a frieza ______________________ sua mãe procurava não aludir.

7. Melhore a redação das seguintes frases.

a) A nível de explicação, o senador diz que foi enganado por um de seus assessores.
b) A professora diz que, enquanto educadora, fica muito preocupada com o rumo que vem tomando a discussão.
c) A melhor forma de superar os desafios é encará-los de frente.
d) Internacional e Vasco é um verdadeiro clássico do futebol brasileiro.
e) O Atlético Paranaense contratou o atacante junto ao São Paulo.
f) A empresa estará depositando seu pagamento pela palestra hoje à tarde.
g) O gerente da produtora foi demitido em função da sua incapacidade técnica.
h) Os secretários de estado preferiam ver tal assunto deletado da agenda da reunião de hoje com o governador.

8. Opte pela melhor forma de concluir a frase.

a) Aquela ação da prefeitura, ( ) a nível de transformação do espaço urbano ou ( ) em relação ao espaço urbano, parece conveniente.
b) O grupo de música folclórica italiana espera ( ) acontecer ou ( ) realizar bons negócios durante a festa.
c) A reunião de empresários das duas nações é ótima oportunidade de ( ) desenvolver ou ( ) alavancar os projetos do comércio.
d) A crise mundial indica que, mesmo assim, não se deve deixar de ( ) penalizar ou ( ) punir os maus gestores.
e) O palestrante preveniu os assistentes de que não se devem ( ) fazer colocações ou ( ) propor ideias, sem que haja boa argumentação.

f) Uma análise do momento ( ) sinaliza ou ( ) revela que não é hora de correr grandes riscos no mercado financeiro.
g) Depois da inundação, é hora de ( ) contabilizar ou ( ) somar ou ( ) totalizar os prejuízos da cidade.
h) A obra de construção da nova praça finalmente ( ) recebeu sinal verde do ou ( ) foi autorizada pelo Tribunal de Contas do Estado.

Teste seus conhecimentos

1. Em certo anúncio de TV, uma jornalista dizia: "Prefiro o chester da Perdigão do que qualquer perua". Se reescrevêssemos a frase da maneira correta, teríamos "Aqui estão o chester da Perdigão e a perua da Sadia, e eu prefiro <u>o chester</u> <u>à perua</u>." Substituindo as expressões sublinhadas por pronomes, a fim de evitar as repetições, sempre de acordo com a norma culta, teríamos:

a) "[...] e eu prefiro ele a ela."
b) "[...] e eu prefiro este a ela."
c) "[...] e eu prefiro aquele a ela."
d) "[...] e eu prefiro aquele à ela."
e) "[...] e eu prefiro este àquela."

2. Substituindo os complementos verbais pelos pronomes pessoais oblíquos convenientes, estariam todas certas, exceto:

a) Clarice assistiu às duas cerimônias da tarde. / Clarice assistiu a elas.
b) O paulistano sempre aspira esse ar poluído. / O paulistano sempre o aspira.
c) Você ainda aspira ao cargo de chefe? / Você ainda aspira a ele?
d) Dr. Vítor assistiu os pacientes mais graves. / Dr. Vítor os assistiu.
e) Os chefes demitidos sempre obedeceram ao regulamento da empresa. / Os chefes demitidos sempre lhe obedeceram.

3. Em qual das opções abaixo, o uso do "qual" seria mais recomendável que o do "que".

a) Era uma situação estranha *de que (ou da qual)* o público andava afastado.
b) Cometiam muitas maldades *contra que (ou contra as quais)* a sociedade organizada era impotente.
c) O trabalho *para que (ou para o qual)* aquela mulher está apta deve ser executado em dois meses.
d) Era uma moça bem jovem e bonita, *com quem (ou com a qual)* sempre fui bastante solícito.
e) O ódio, *a que (ou ao qual)* deve ser preferível o perdão, era imenso e universal.

Correção gramatical: concordância verbal e nominal

Regra básica da concordância verbal: sujeito simples anteposto, posposto e composto; sujeito formado por partitivos e coletivos; frações e percentagens; com o verbo SER; com verbos impessoais (HAVER e FAZER); com a presença da partícula SE. Regra básica da concordância nominal: caso dos adjetivos, numerais, pronomes e artigos; distinção entre adjetivos e advérbios; um adjetivo e vários substantivos; vários adjetivos e um substantivo; flexão verbal e nominal; verbos IR e VIR e plural dos diminutivos.

1. Corrija os erros de concordância verbal cometidos nestas frases.

   a) Kombi com adesivos e bandeiras do político ainda circulam por aí.
   b) O julgamento da ação que o prefeito e a mulher move contra a juíza da cidade ainda não ocorreu.
   c) O candidato republicano dizia que o apoio dos generais ao democrata Obama não iriam influenciar a votação.
   d) O juiz pediu que a maioria do partido apresentasse os testemunhos que comprovasse a filiação do candidato em data válida.
   e) O preço do barril de petróleo, caindo aos níveis atuais, tornaram o pré-sal uma radiosa promessa para tempos mais propícios.
   f) O jovem teve 70% do corpo queimados após ser flagrado fumando maconha na área.
   g) Todos os especialistas defendem o nome do produto, menos o pessoal do marketing em Paris, que, diante da queda de vendas da marca, defendem a presença de um nome francês.
   h) É claro que a redução dos investimentos estrangeiros afetarão a estabilidade da moeda nacional.

2. Em todas as frases abaixo, ocorre erro de concordância verbal, encontre-o e corrija-o.

   a) Terça, na presença do ministro da Cultura, será assinado com a Fundação Joaquim Nabuco a cooperação técnica para viabilizar a formação de nova turma.
   b) Pelo menos 87 crianças e seis professores do Colégio Municipal Nossa Senhora de Lourdes, em Foz do Iguaçu (PR), foram internadas ontem à tarde com suspeita de intoxicação.
   c) Na síndrome de vaga-lume que caracteriza a seleção brasileira, tem cabido sempre ao torcedor brasileiro os jogos sem nenhum brilho.

d) É importante, na divisão do dinheiro, saber o número de modalidades esportivas, os patrocínios e o peso que os recursos da lei tem sobre cada confederação.

e) Outras empresas brasileiras, como a Anapolitana Guedes, que constrói o novo aeroporto da cidade equatoriana, não tem queixas do presidente.

f) Os três estavam parados haviam alguns meses e, por isso, podiam ter sido mesmo um problema a mais.

g) O jornalista contou que, fazem dois meses, parte da tiragem do seu jornal, que circula às sextas-feiras na cidade, foi apreendida de forma irregular.

h) A coordenação da campanha decidiu adotar a escolta por causa do temor de que hajam armações contra o candidato nesta última semana.

3. Há, nas frases abaixo, erros de concordância. Corrija-os.

a) Não sou a favor de que se desligue os pardais à noite, mas de que haja segurança e sinalização.

b) Tem que se pensar alternativas para que essas meninas não fiquem condenadas a um trabalho tão precário.

c) O resultado dos estudos mostram que não se aprende as lições lendo, mas vivenciando-as.

d) O ministro da saúde japonês acredita que se deve evitar os alimentos gelados.

e) O que Rodrigão e Bruno estão jogando na Liga Nacional é de tirar o chapéu e nos fazer pensar o que poderia ter feito como titulares em Pequim...

f) As duas últimas pessoas que saíram do Hotel Granada, em São Vicente, fechado ontem, foi a premiada atriz Maria Felicidade e o grande músico Albert Hall.

g) O autor das gravações clandestinas, que teria sido feitas a pedido do delegado, foi, segundo as investigações, o aposentado João Santos.

h) O senador e o deputado ainda não viram seus projetos se transformar em lei.

4. Há, nas frases abaixo, erros de concordância. Corrija-os.

a) A embarcação russa, naquela ocasião festiva e pouco comum, é levado para o dique seco a fim de ser reparado.

b) De bermuda, óculos escuro, boné e camiseta, o artista procura ficar incógnito e corre a Meia Maratona de Curitiba.

c) As empresas brasileiras desenvolvem produtos definidos por técnicos governamentais, mas a maioria da sociedade ainda não veem os resultados trazidos por eles.

d) Massa deixou claro a expectativa de que, realmente, poderia vencer a corrida.

e) Além disso, a inscrição do proprietário do veículo será encaminhado para a Dívida Ativa Estadual.

f) O economista disse que os investidores em fundos de participações com um horizonte de cinco anos devem ficar alertas em relação aos bons negócios, mesmo nos setores ligados às exportações.

g) Grandes nomes surgiram naquele final de século, como o da cantora lírica Praskovia Kovalevskaia.

h) No caso dos leitores que enviarem suas fotos diretamente dos celulares, fica caracterizado a concordância com as regras.

5. Complete a frase com o verbo na forma conveniente.

a) Os serviços de atendimento aos acidentados em nosso estado, ainda hoje, ____________ alguns índices positivos em relação ao restante do país. (deter)
b) Os modelos atuais de educação ____________ conceitos antigos, sempre em prol de uma formação mais cidadã. (rever)
c) O futebol paranaense se ____________ contra possíveis vinganças dos árbitros paulistas. (precaver)
d) Ontem, ao anoitecer, os dois seguranças ____________ numa briga entre vários jovens. (intervir)
e) Num momento do passado colonial brasileiro, tais questões ____________ ____________ ao rei de Portugal. (caber)
f) Se nós ____________ a decisão do juiz, os invasores ainda teriam uma pequena oportunidade de ocupar aquela terra ociosa. (prever)
g) A sociedade deve estar preparada para qualquer reação se lhe ____________ ____________ exigências incompatíveis com a democracia. (impor)
h) Quando ela ____________ o ânimo que perdeu naquela relação, novas chances melhores se abrirão para todo o seu grupo. (reaver)

6. Corrija os erros de conjugação ou correspondência verbal, além de possíveis falhas de tratamento.

a) Se não se disporem a criá-los agora, nenhum destes cargos vai parar as universidades.
b) Tais novidades tinham chego ao Brasil, trazidos por Le Clézio, nos anos 80 do século passado.
c) Se virar lei o projeto do senador gaúcho de recuperar o poder aquisitivo dos benefícios, o custo aumentaria em R$5,8 bilhões por mês.
d) Fostes à tribuna criticar jornalistas importantes daqui e me ignoraste solenemente.
e) O serviço atenderá os moradores da Barra que tinham dificuldade em se dirigir à rodoviária com bagagens em ônibus urbanos.
f) Se você afrouxar a coleira e deixar o bicho conduzi-lo durante o passeio, perceberás que certos cachorros nunca vão puxá-lo em linha reta.
g) Os bairros foram pegados de surpresa, mas, na verdade, a sociedade havia ganho novos incentivos para o transporte mais solidário.
h) É fundamental que o Detran e Center Shopping escolhem uma peça criativa para falar de consciência no trânsito.

7. Complete com a forma devida.

a) Nós, ontem, ____________ um excelente jogo do campeonato brasileiro de futebol. (vimos ou viemos)
b) Na semana passada, nós não ____________ à faculdade por estarmos doentes. (vimos ou viemos)
c) Os argentinos ____________ ao Brasil, ____________ nossas praias e ____________ embora com vontade de voltar no ano seguinte. (vem ou vêm ou vão ou veem)
d) No sermão, o padre disse: É fundamental que vós ____________ ao encontro dos vossos desejos e de vossa fé. (ides ou vades)
e) Se ____________ até esta nossa cidade, encontrarão conforto e hospitalidade constantes. (forem ou virem ou vierem)
f) Caso ____________ ao Rio de Janeiro, aquela cidade tão cara a todos os brasileiros, ficariam encantados com a sua beleza natural. (vão ou forem ou fossem)
g) Se ____________ ao limite na relação amorosa é algo que lhe agrada, vá em frente e, depois, aguente as consequências. (ir ou for ou vier)
h) Naquele momento, eu ____________ mais rápido do que todos e, claro, ____________ sentar ao lado da mulher mais bonita da festa. (fui ou era ou fora ou iria)

8. Complete com a forma adequada dos plurais seguintes.

a) Aquela palavra tem dois ____________. (hífen ou hifens)
b) Pedro e Paulo são dois maus ____________. (caráteres ou caracteres)
c) Naquela vez, o professor estava ____________ quando brigou com a turma. (seríssimo ou seriíssimo)
d) A coleção do campeão de atletismo chegava a mais de 100 ____________. (troféis ou troféus)
e) Os times paranaenses ainda vão enfrentar os ____________ do campeonato. (bichos-papão ou bichos-papões)
f) O governo federal nunca reajustou seriamente o valor dos ____________. (salários-família ou salários-famílias)
g) Houve, na periferia, da cidade, dois ____________ que tiveram resultados desastrosos para o trânsito. (quebra-quebras ou quebras-quebras)
h) Eles pediram seis ____________ para comer nos ____________ a caminho do mar. (pastelzinhos ou pasteizinhos / barzinhos ou barezinhos)

Teste seus conhecimentos

1. Passando para a segunda pessoa do singular a frase seguinte "Para vir ao Jardim Botânico, é preciso que vire à direita, quando vir o terceiro sinal de trânsito", teremos:

   a) vires, virares, vires.
   b) virdes, virardes, verdes.
   c) vires, vires, vires.
   d) vieres, virares, veres.
   e) virdes, vires, veres.

2. Assinale a opção que completa as lacunas corretamente.

   "A torcida estava ______________ irritada com as atuações ______________ ruins dos times; assim, ____________________ arquibancada estava vazia, cheia de __________________ claros."

   a) meio, bastantes, meia, bastante.
   b) meia, bastantes, meio, bastante.
   c) meio, bastante, meia, bastante.
   d) meia, bastante, meia, bastantes.
   e) meio, bastante, meia, bastantes.

3. Assinale a alternativa errada quanto à concordância verbal.

   a) Devem haver outras razões para ele não ter participado da prova.
   b) Duas são as situações complicadas que nos convêm resolver o mais rápido possível.
   c) 80% da população da cidade aprovava o seu governo, daí elegê-lo no primeiro turno.
   d) Na verdade, faltava esclarecer três dúvidas que incomodavam todos os interessados.
   e) Nunca se devem considerar os menos esclarecidos totalmente ignorantes, pois eles sempre têm algo a nos ensinar.

Regência, crase, pronomes e ortografia

Regência nominal e verbal (verbos transitivos diretos, indiretos e intransitivos); aplicação do acento indicativo da crase; com artigos e pronomes; antes dos topônimos (nomes de lugares); em locuções adverbiais, prepositivas e conjuntivas; casos facultativos e polêmicos; uso dos pronomes retos e oblíquos; distinção entre O e LHE; emprego dos pronomes relativos (que, quem, qual, cujo...) e da preposição antes dos pronomes relativos; uso de ESTE e ESSE; emprego dos pronomes de tratamento, colocação dos pronomes átonos (próclise, ênclise e mesóclise); o sistema ortográfico vigente; a palavra "PORQUÊ"; uso de MAL e MAU; o novo acordo ortográfico, como ficam as regras de acentuação gráfica e o hífen: o que muda e o que não muda.

1. Complete com a preposição adequada.

a) A nova turma está segura _______________ seu conhecimento.
b) O novo computador é compatível _______________ o equipamento antigo.
c) A verdadeira paixão é essencial _______________ todo ser humano.
d) Eles estavam ávidos _______________ novas emoções.
e) O advogado era residente _______________ uma avenida em frente ao mar.
f) Os novos vereadores não parecem firmes _______________ suas convicções.
g) Os brasileiros são capazes _______________ grandes decisões.
h) Nossa opção _______________ modelos recentes de educação é mais que justificada.

2. Use uma das duas formas para completar as frases abaixo.

■ você ■ a você

a) Aquela promoção, sem dúvida, agradaria _______________.
b) A dúvida de todos os presentes ajudou _______________ a se decidir.
c) O professor aludiu _______________ naquela ocasião solene.
d) O encarregado da fábrica avisou _______________ de que na segunda-feira não haveria expediente.
e) Os policiais informaram _______________ que a cena do crime não poderia ser modificada.
f) Proibiram _______________ de continuar agindo dessa forma.
g) _______________ cabe retomar os estudos e conseguir bons resultados.

h) Deve-se perdoar ______________ antes que seja tarde.

3. Melhore a redação das seguintes frases.

a) A gente não sabe exatamente o que quer na vaga que espera ocupar nessa empresa.
b) Não há dúvida de que a oportunidade de ocupar a nova gerência se ofereceu para quem trabalha conosco mesmos.
c) Ocorreu uma promoção como essa a uns dois ou três anos, mas o cargo foi oferecido a um estranho.
d) As vezes, a maioria das pessoas cabe a decisão de recorrer a outros meios, porém, a meia voz, diz-se que o melhor é fazê-lo a moda de mineiros, isto é, na surdina.
e) As duas mulheres sofreram a agressão a mão armada mais estranha deste mundo, mas reagiram a situação, dizendo que não entregariam as bolsas a quadrilha.
f) Esse meu bom senso, unido a esta sua coragem, podem resolver o problema dessa cidade em que nós vivemos, dizia o ex-governador nessa ocasião.
g) Trouxeram o CD para mim ouvir e o livro para tu, assim tu não precisas devolvê-lo.
h) Para eu conhecer outras culturas é fundamental no meu processo de aprendizado.

4. Complete com a forma devida.

a) Ele não possu___ bons antecedentes. (e ou i)
b) Espero que ela continu___ falando a verdade. (e ou i)
c) Menino, distribu___ o brinquedo direito. (e ou i)
d) Espero que você não se atordo___ muito com isso. (e ou i)
e) Eles ontem continuar___ a sua atividade normal. (am ou ão)
f) Sabemos que todos, amanhã, ajudar___ os necessitados. (am ou ão)
g) As alternativas est___ aí. (am ou ão)
h) Tais atitudes nos cust___ caro. (am ou ão)

5. Complete as frases com a forma adequada de "mal ou "mau" ou com a do "porquê".

a) __________ começou a chuva, todos procuraram um abrigo.
b) O __________ professor não atende seus alunos com carinho.
c) Não há __________ que sempre dure.
d) A incerteza lhe faz muito __________.
e) Sempre aprendo tudo, __________ me esforço bastante.
f) __________ esta palavra é tão complicada?
g) A razão __________ ela cometeu o delito ainda não está clara.
h) Eles querem saber o __________ da confusão.

6. Corrija, de acordo com o padrão formal, os erros de colocação dos pronomes cometidos nas frases seguintes.

a) A única vez em que andou numa Ferrari, ela ficou apavorada, se segurando no banco de tanto medo.

b) Agora vou começar a viajar para lugares mais perto - se diverte o designer.

c) Na economia, o governo de Obama não cercou-se de veteranos do governo Clinton?

d) Em depoimento, o acusado contou que, por acaso, encontrou-se com o analista da Abin.

e) Como tornou-se bom pagador, o governo já é atendido por 303 mil empresas, que têm negócios de R$18 bilhões.

f) Seu prestígio foi dinamitado quando "Revolução" sagrou-se fiasco de público.

g) Foi um jogo animado, sem falar da expulsão bem aplicada por Héber Roberto Lopes, que, por sinal, saiu-se muito bem.

h) O governo recém-eleito apresentou proposta, no Parlamento do Mercosul, de constituição de um memorial da Guerra do Paraguai na qual refere-se às mortes de paraguaios no conflito como "genocídio".

7. Reescreva as palavras de acordo com a forma que será obrigatória a partir de 2012.

a) O vôo freqüente é uma boa forma de evitar enjôo.

b) As crianças vêem a jibóia, mas não a detêm por medo de pôr suas vidas em perigo.

c) A assembléia apóia aqueles que crêem ser possível agüentar a crise econômica mundial.

d) Ele pôde fazer cinqüenta flexões, mas hoje não pode dar seqüência a mais de 10.

e) Abençôo todos os seres solidários como conseqüência do último qüinqüênio em que ficou claro seu apoio aos que pouco têm.

f) Os jovens bons crêem mais no futuro, e eu os apóio na procura de viverem uma epopéia específica.

g) A sociedade não pára para ver a evolução de uma idéia trazida por pessoas incríveis.

h) Vem um novo dia, e é hora de pôr mãos à obra para solucionar o seqüestro do fabricante de lingüiças.

8. Complete com a palavra adequada.

a) Calcule o ________________ da figura. (coseno / co-seno / cosseno)

b) No acidente, o carro teve o ________________ traseiro direito amassado. (para-lamas / paralamas / pára-lamas)

c) Os ________________ pedem que o síndico retome as negociações sobre o valor do condomínio. (abaixo-assinados / abaixo assinados)

d) Aquela menina é muito ________________. (malcriada/mal-criada)

e) Uma mulher ________________ é um pouco diferente de alguém que vive a vida ________________. (à toa/à-toa)

f) Conhecer o nosso ________________ é fundamental; por isso, nossos conhecimentos devem aumentar ________________. (dia a dia/dia-a-dia)

g) Pior do que ________________ ele é mesmo ________________. (mal-humorado / mal-educado)

h) Pode-se comer um bom ________________ na feira. (pé de moleque/pé-de-moleque)

Teste seus conhecimentos

1. Assinale o item que se deveria completar com a primeira palavra dos parênteses.

   a) ________________ motivo a polícia não invadiu o apartamento? (Porque ou Por que)

   b) Perguntei ________________ a esperança deixou de existir. (porque ou por que)

   c) As coisas aconteceram assim; ________________? (por que ou por quê)

   d) Quero saber ________________ cargas d´água ela desistiu da promoção. (porque ou por que)

   e) Está na hora de saber o ________________ de vocês não estarem satisfeitos com o resultado. (porquê ou porque)

2. Assinale a opção em que se usou “mal” por “mau” ou vice-versa.

   a) Ele se saiu mal nos exercícios anteriores.

   b) Ninguém esperava um mau resultado.

   c) Quem não lê, mal fala.

   d) Ela não se comportou mal na festa da escola.

   e) Não se tratava de um mal evento, porém, também não era nada especial.

3. Complete as lacunas da frase com as formas sugeridas de modo a torná-la clara e correta.

   “A sociedade está ________________ novas oportunidades de estudo, por isso, aprender ________________ é uma forma cada vez mais comum de acessar os conhecimentos ________________ precisamos para a atividade profissional.”

   a) à procura de, à distância, que.
   b) a procura de, a distância, de que.
   c) à procura de, à distância, de que.
   d) a procura de, à distância, de que.
   e) à procura de, a distância, que.

Pontuação: a vírgula

Emprego da vírgula: enumerações, conjunções e sintagmas deslocados, orações reduzidas, intercaladas e explicativas, palavras denotativas interpostas, casos de realce, de elipse, uso especial com o "e".

1. Pontue as frases abaixo.

a) O pai a mãe e o filho saíram de casa ontem pela manhã.
b) Se tiver dinheiro irei ao teatro e ao cinema.
c) Foram reprovados no terceiro ano porque não estudaram.
d) Terminada a aula os jovens correram para a quadra de esportes.
e) A verdade convém dizer dói para os que não têm coragem.
f) No domingo as pessoas ainda que nem sempre possam gostam de descansar e curtir a natureza.
g) O jogo do Atlético disse o técnico será duríssimo.
h) A modelo curitibana é alta bonita dócil e alegre.

2. Em todas as frases, há falta de uma vírgula. Coloque-a no lugar devido.

a) O homem que é um ser mortal, tem a alma imortal.
b) Simone, uma de minhas filhas é médica.
c) O consumidor estrangeiro comprou duas, aliás três lembrancinhas.
d) O jogador durante o primeiro tempo da partida, sofreu uma entorse.
e) Graciliano Ramos que escreveu "Vidas secas", foi um grande escritor.
f) A Lua, às sete horas aparecia no horizonte.
g) O Brasil é um país amigo, isto é recebe bem qualquer visitante.
h) Policial por favor, leve este senhor à delegacia, que ele foi assaltado.

3. Pontue as frases abaixo, que se enquadram nos casos especiais de uso da vírgula.

a) As atletas treinaram bastante e conseguiram excelentes resultados.
b) Os estudantes tiveram ótimo desempenho e não haviam estudado coisa alguma.
c) O professor falou e falou e falou e desistiu...
d) Amor e felicidade todos precisam disso.
e) Ao homem de idade pouco lhe é dado como recompensa pelo que fez na vida.
f) As notícias da TV nem sempre elas são agradáveis.
g) As reportagens dos jornais muitos leitores nem sempre compreendem.
h) Curitiba 2 de março de 2009.

4. Leia as frases abaixo, depois reescreva-as de duas maneiras, colocando a locução ou oração adverbial (ideia circunstancial) após o sujeito da oração inicial e no início do período.

a) O trem de Paranaguá chegou à estação às 10 horas.
b) Nós viajamos de carro durante o feriado.
c) Muitos problemas podem acontecer com as crianças devido ao mau uso de remédios.
d) A oficina de carros recusou o serviço mesmo com pagamento adiantado.
e) As duas moças foram repreendidas por não se comportarem devidamente.
f) Todos ficarão satisfeitos quando virem a seleção fazendo um gol.
g) Eles aprenderão o conteúdo da melhor maneira se prestarem total atenção.
h) O Jardim Botânico tem novas atrações belíssimas embora não se marque por grandes novidades.

5. Nas frases abaixo, pode haver erros graves no emprego da vírgula. Olhe-as bem, veja se têm erro. Se estiverem certas, escreva CERTO ao lado delas, caso contrário, corrija-as.

a) Os melhores momentos da nossa seleção, ocorrem fora do país.
b) Pelé foi considerado, o atleta do século XX.
c) Paulo e João trabalham, e estudam.
d) Os senadores do nosso estado não compareceram à sessão, nem mesmo estavam em Brasília.
e) As florestas de Mata Atlântica, parecem estar se acabando.
f) O povo elegeu aquela celebridade, sua favorita.
g) Deseja-se, que o nosso pensamento seja ouvido durante muito tempo.
h) Quem espera, sempre alcança.

6. Reescreva as frases de duas maneiras diferentes: mantendo a ordem das palavras, mas aumentando a expressividade, e passando a conjunção para depois do verbo.

a) O autor da denúncia não foi encontrado, no entanto deixou muitas provas.
b) Chovia muito, porém partiu para Santa Catarina.
c) O remédio era adequado ao seu caso, por isso o paciente já estava melhorando.
d) Seus pais o esperavam na cidade, então ele ficaria feliz.
e) Os dias de frio se aproximavam, entretanto ela não estava preparada para isso.
f) O Paraná Clube tem de melhorar muito, contudo os dirigentes não se esforçam para conseguir êxito.
g) O presidente da República prometeu uma revolução social à classe pobre, assim seu governo tem de ampliar mais ainda os programas assistencialistas.
h) Cada vez mais, os jovens se preocupam com a preservação do ambiente, portanto a natureza agradece o cuidado e o carinho.

7. Nos parênteses, aparece o número de vírgulas necessárias para bem pontuar cada período. Coloque-as nos lugares devidos.

a) (4) O doutor Cláudio informa que por motivo de saúde deixa por prazo indeterminado a clínica.

b) (3) Polícia ocupa Cidade de Deus e 13 escolas por precaução suspendem aulas.
c) (4) Mas enquanto estiver sentada no laboratório da Ferrari a inglesa cercada por homens está cheia de cartaz.
d) (2) No horário marcado os investigadores armaram a campana porém os sequestradores não apareceram.
e) (2) Se estiver traindo a gente pega disse o detetive particular.
f) (4) Siderúrgica lucra R$1,42 bilhão no Rio de Janeiro mas a partir do próximo mês devido à crise internacional vai reduzir a produção.
g) (2) Mas se o candidato do PSDB ao governo do estado de São Paulo for o (Geraldo) Alckmin vamos ter que conversar.
h) (5) Para participar do governo o PCdoB que ajudou na eleição do prefeito espera receber um sinal para então iniciar uma conversa.

8. Em todas as frases, há vírgulas bem colocadas, e apenas uma está mal usada: ou está presente e não deveria estar, ou está faltando. Encontre esse erro de pontuação e corrija-o.

a) E, se James Bond se transforma em "Quantun of solace", o surfista campeão, faz o mesmo quando entra na água.
b) O árbitro tenta argumentar com os jogadores do Botafogo e o rubro-negro de camisa 7 observa a reação dos adversários.
c) Na chegada da polícia, o helicóptero Águia, da Polícia Civil foi atingido por dois tiros.
d) O grupo, vai tocar em horário nobre (21h), e não por menos valor.
e) Todos gostaram, menos o pessoal do marketing em Paris que, diante da queda de vendas da marca, defende a criação de um nome francês.
f) Em vez de chutar a bola, o atacante chuta, a bandeirinha de córner, e bota a bandeirinha no chão!
g) O Fluminense vencia o Figueirense por 1 a 0, mas o jogo foi adiado, por falta de luz para a quarta-feira seguinte.
h) Às vezes até no transporte você precisa de alguma forma mais articulada do que técnica, por causa dos desafios ali existentes.

Teste seus conhecimentos

1. Assinale a letra que corresponde ao período de pontuação correta.

a) O Acordo Ortográfico, em seu documento de 1990 tratava de uma unanimidade, mas, depois de algum tempo, isso foi substituído por maioria simples.
b) O Acordo Ortográfico, em seu documento de 1990, tratava de uma unanimidade, mas, depois de algum tempo, isso foi substituído por maioria simples.
c) O Acordo Ortográfico, em seu documento de 1990, tratava de uma unanimidade, mas depois de algum tempo, isso foi substituído por maioria simples.
d) O Acordo Ortográfico em seu documento de 1990 tratava de uma unanimidade, mas depois de algum tempo, isso foi substituído por maioria simples.

e) O Acordo Ortográfico em seu documento de 1990, tratava de uma unanimidade, mas, depois de algum tempo, isso foi substituído por maioria simples.

2. Combinando as frases:

1. A estudante que nasceu em Minas parece boa aluna.
2. A estudante, que nasceu em Minas, parece boa aluna.

Pode-se concluir que:

( ) Há referência a mais de uma estudante.
( ) As outras estudantes não nasceram em Minas.
( ) Trata-se de apenas uma estudante.
( ) Existe uma estudante, e ela é mineira.
( ) Refere-se a mais de uma mineira.

A sequência correta seria:

a) 1, 1, 2, 2, nenhuma das duas.
b) 1, 2, 1, 2, nenhuma das duas.
c) 2, 1, nenhuma das duas,1, 2.
d) 1, 2, nenhuma das duas, 1, 2.

3. Assinale a única opção conveniente para dar sentido à frase.

"O piloto italiano entrava no box de Interlagos o piloto brasileiro."

a) Há uma vírgula, depois de "italiano".
b) Há duas vírgulas, depois de "italiano" e depois de "Interlagos".
c) Há duas vírgulas, depois de "entrava" e depois de "Interlagos".
d) Há uma vírgula, depois de "Interlagos".
e) Há três vírgulas, uma depois de "piloto"; a segunda, depois de "entrava"; e a terceira, depois de "Interlagos".

Pontuação: do ponto aos parênteses

Uso dos pontos continuativo, final e parágrafo; uso do ponto e vírgula; emprego dos dois-pontos; ponto de exclamação e de interrogação; reticências, aspas, travessão e parênteses.

1. Pontue convenientemente seguindo o que se anuncia nos parênteses. É claro que retiramos as maiúsculas. Reescreva-as.

a) (. . .) V. S.ª é um político medíocre
b) (. , ...) Tudo parece bem encaminhado neste aspecto por outro lado acho que já é tarde
c) (? .) Há alguma cidade mais bela do que o Rio de Janeiro claro que não
d) (: " . ") Disse o mestre eu sou a vida
e) (, ; , .) Na linguagem escrita o importante é a ortografia na falada vale a prosódia
f) (: , , .) Vários são os autores estudados Machado Alencar Drummond e Vinicius
g) (, ; , .) Estes conceitos edificam aqueles destroem os primeiros sobem pelo degrau da fama enquanto os últimos descem sem parar
h) (. , , ; , , , . , .) Somos muito pequenos a eternidade com certeza é muito maior por isso devem-se relevar as falhas de sinceridade os erros de comportamento os esquecimentos etc. assim precisamos perdoar uns aos outros

2. Use somente os pontos final, de exclamação e de interrogação, que foram retirados das frases.

a) Quem fez isto
b) Você veio cedo   Que legal
c) Quero saber quem fez isto
d) Veja que belo trabalho o senhor fez Uma porcaria
e) Como se pode destruir tanto a natureza
f) Oh   Que saudades que tenho
g) Gostaria de saber como se pode destruir tanto a natureza
h) Ó Pátria amada, idolatrada,   salve   salve

3. Onde houver lacuna é porque existe um ponto de exclamação ou reticências. Utilize-os adequadamente.

a) Meu Deus _____ Ela está caindo _____
b) Se pudessem os pássaros falar _____
c) Caraca _____ Que loucura _____
d) "Se ele for _____ não sei _____ " (José de Alencar)
e) "Além, muito além daquela serra _____ nasceu Iracema _____" (José de Alencar)

f) "_____ ao alagamento tépido da luz _____" (José de Alencar)
g) "Acho que ele faltou com a verdade _____ Para mim, ele é um _____" (Machado de Assis)
h) Maravilha _____ Que provão que eu fiz _____

4. Foram retirados os sinais de pontuação das frases. Recoloque-os.

a) (- - .) Todo homem diga-se de passagem é egoísta
b) (: " . ") Disse o mestre Amai-vos uns aos outros
c) (" (!) , . ") Um dia que linda manhã fazia ela saiu a passear (Joaquim Manuel de Macedo)
d) (" " .) O humor de Machado de Assis é meio cínico
e) (- - .) Uma palavra liberdade escraviza muita gente
f) (" " .) Querer é poder deve ser o nosso lema
g) (" " . " " .) O professor elogiou a sapientia do aluno foi uma grande curtição
h) (" (, ,) . ") Tristeza de ver toda a tarde cair como cai uma folha no Brasil não há outono mas as folhas caem (Machado de Assis)

5. Corrija, se necessário, a pontuação das frases abaixo.

a) Só te peço isto: que não demores a chegar ao nosso encontro.
b) A raposa que é matreira, enganou o corvo e ficou com as uvas.
c) Mal ele entrou todos os outros alunos da turma se retiraram.
d) A cartomante da rua estreita e escura fez uma só previsão; que ele ainda seria feliz.
e) Naquela noite pensei que não mais virias e - sem mais discutir com minha mãe - fui dormir.
f) Esta citação que li ontem é bem antiga: Trabalhar para progredir".
g) Na sua vida de estudante e cidadão não deixe de ler pelo menos dois autores, maravilhosos excelentes: Machado de Assis, e Aluísio Azevedo.
h) O velho mestre, sempre aconselhou com carinho aos mais novos: lutem pela vida e o mundo de oportunidades se abrirá para vocês.

6. Coloque os sinais de pontuação que estão nos parênteses nos lugares devidos.

a) (,) Embora tenha outras perguntas a fazer o autor da questão quer indagar qual é a estrutura correta do raciocínio.
b) (, ,) O autor da questão embora tenha outras perguntas a fazer quer indagar qual é a estrutura correta do raciocínio.
c) (, ,) Às vezes as interpretações são estranhas porém acabam sendo entendidas.
d) (, , , ,) Às vezes as interpretações são estranhas acabam porém sendo entendidas.
e) (, , , ,) Eles na verdade poderiam estar falando da vida da morte do sonho e do fim.
f) (, , ,) Na verdade eles poderiam estar falando da vida da morte do sonho e do fim.
g) (; ,) Um raciocínio é uma construção complicada nas dissertações entretanto é possível aprendê-lo.
h) (, ; , ,) Nas dissertações um raciocínio é uma construção complicada é possível entretanto aprendê-lo.

7. Cada parte ou sintagma foi numerado. De acordo com a nova ordenação, renove a pontuação, fazendo-a ser clara e correta.

   a) O historiador deve relatar os fatos como foram (1), enquanto o ficcionista não é escravo da verdade (2). Nova ordenação: (2) (1)
   b) Na nossa juventude (1), todos (2) temos vontade de escrever como poeta (3). Nova ordenação: (2) (1) (3)
   c) O poeta (1), na sua imaginação (2), pode contar ou cantar (3), em seus poemas (4), coisas diferentes e imaginosas (5) aos seus leitores (6). Nova ordenação: (2) (1) (4) (3) (6) (5)
   d) Apesar de parecer mentira (1), o poeta (2) diz (3) que escreveu um conto azul, vários até (4). Nova ordenação: (3) (2) (1) (4)
   e) Porque a noite estava bem clara (1), as jovens (2) vinham a pé (3) para casa (4), apesar de ser uma boa caminhada (5). Nova ordenação: (5) (2) (1) (3) (4)
   f) Assim que apareceu uma oportunidade (1), os quatro amigos (2), cansados (3), viram que não adiantava (4), pois já era tarde (5). Nova ordenação: (3) (2) (1) (4) (5)
   g) Se houvesse mais duas voltas (1), o carro do piloto brasileiro (2), naquela corrida de Mônaco (3), teria ultrapassado seu concorrente (4). Nova ordenação: (2) (4) (3) (1)
   h) E (1), sem motivos aparentes (2), perguntaram (3) aos convidados (4) se a reclamação era motivada ou meio louca (5). Nova ordenação: (1) (3) (2) (5) (4)

8. Dos textos abaixo, foram retirados os sinais de pontuação, que aparecem nos parênteses. Recoloque-os nos lugares adequados, sabendo que eles estão em ordem.

   a) (“ : . ”) O amor não se obriga rebenta espontâneo no coração
   b) (“ ; , ”) Os espíritos mesquinhos são conquistados com favores os espíritos generosos com afeto
   c) (“ , , . ? ”) Conta um velho manuscrito beneditino que o Diabo em certo dia teve a ideia de fundar uma igreja acreditas
   d) (“ , , ... , , ...) Tudo tudo tem sua lógica o riso a dor a alegria e a tristeza
   e) (“ , . ”) O tambor faz muito barulho mas é vazio por dentro
   f) (“ , , , ”) A primeira regra do jogo sem dúvida é respeitar o adversário qualquer que seja ele
   g) (“ , , , , ; . ”) Jorge Amado o escritor baiano e Osman Lins natural de Pernambuco são escritores brasileiros mas Camilo Castelo Branco é português
   h) (“ , ; , , .) Fez tudo conforme o que fora acertado isto é aprontou-se às seis horas saiu às seis e trinta e chegou ao local devido pouco antes das sete

Teste seus conhecimentos

1. Considere o trecho “O pessoal da Alfândega - tudo malandro velho - começou a desconfiar da velhinha...”

Os travessões poderiam ser substituídos por:

a) pontos-e-vírgulas.
b) parênteses.
c) pontos.
d) aspas.
e) reticências.

2. Observe as duas frases abaixo e, depois de lê-las com atenção, marque a opção que não é conveniente.

As canetas que não funcionam devem ser descartadas.
As canetas, que não funcionam, devem ser descartadas.

a) na primeira, há canetas que não funcionam.
b) na primeira, há canetas que funcionam.
c) na segunda, todas as canetas não funcionam.
d) na primeira, todas as canetas devem ser descartadas.
e) na segunda, todas as canetas devem ser descartadas.

3. Não procede a vírgula na seguinte alternativa:

a) As pessoas, estarrecidas, assistiam às brutais cenas de violência.
b) Com entusiasmo e dedicação, eles desenvolvem um trabalho elogiável.
c) Irei ao colégio somente em agosto, isto é, depois das férias.
d) Quero que entendam, contudo, as minhas naturais limitações neste assunto.
e) Aos dirigentes de nosso futebol, cabe-lhes, preparar uma seleção competitiva.

Gabarito

Adequação da linguagem

1.

a) Olhem, eu aceito (ou cheguei).
b) Meu amigo, ela enlouqueceu.
c) O moço está atento demais (ou drogado).
d) O goleiro sofreu um gol defensável.
e) Isso é mentira.
f) Rapaz, estou observando você.
g) O marginal foi apanhado (ou preso ou morto).
h) Vai lá: é de graça.

2.

a) A gente sabe fazer tudo isso. Informal; formal: Nós sabemos...
b) Nós podemos receber esse apoio de vocês. Formal.
c) A menina encontrou ele na praia. Informal; formal: A menina encontrou-o (ou o encontrou)...
d) Os americanos se tornaram menos mal vistos com a eleição de Obama. Formal.
e) Trouxeram dois livros para mim ler. Informal; formal: ... para eu ler.
f) Espere aí, quero falar consigo. Informal; formal: ... quero falar com você.
g) Toma o seu casaco e vá embora! Informal; formal: Tome o seu casaco e vá embora ou Toma o teu casaco e vai embora.
h) Eu mermo vou lá resolver isso. Informal; formal: Eu mesmo vou lá resolver isso.

3.

a) O menino *matou* a barata.
b) As duas garotas queriam *descobrir* o segredo do rapaz.
c) O motorista *dirigia* o automóvel rumo ao trabalho.
d) O provável suspeito *conduzia* o trem que descia em direção ao mar.
e) O camelô do outro lado da rua *apregoava* as qualidades, provavelmente falsas, do seu produto.
f) Nós *acompanhávamos* o desenrolar da partida pelo rádio.
g) Os turistas que *utilizariam* o Trem do Corcovado naquele sábado ficaram frustrados, pois ele estava parado.
h) O professor *apresentou* suas teses diante de um auditório lotado.

4.

a) Em Barcelona, visitamos uma pinacoteca. (Pinacotecas só podem ser de quadros...)
b) A merenda é uma necessidade nas escolas de um país pobre como o nosso. (Se é nas escolas, só pode ser a merenda escolar...)
c) O jogador saiu do campo com a bola. (Sair só pode ser para fora...)
d) O paciente estava com uma forte hemorragia. (Hemorragia só pode ser de sangue...)
e) Construíram uma longa cerca dividindo a terra invadida em duas (ou em suas) metades. (Metade é exatamente a divisão em duas partes...)
f) São invenções nunca imaginadas, como uma motocicleta com capota. (O "como" já indica que é um exemplo...)
g) Aquela jovem é muito egoísta, visto que só se preocupa consigo. (O "mesmo" funciona apenas como reforço)
h) O menino da comunidade pobre é o elo entre o jornalista e os marginais. (Elo é de ligação...)

5.

a) *No final do mandato*, o prefeito inaugurou um hospital inacabado.
b) Os grevistas e os patrões devem chegar a *um acordo* nas negociações.
c) O povo *foi dar adeus* ao seu ídolo.
d) Aquela notícia *surpreendeu* a nossa sociedade.
e) O apresentador preveniu o público sobre as *imagens fortes* que viriam a ser mostradas.
f) A contratação daquele atacante veio a *ocupar uma vaga* na escalação do time carioca.
g) Sete times continuam lutando para *não serem rebaixados* no Brasileirão.
h) *Muitos repórteres* aguardavam a chegada do presidente do Brasil.

6.

a) Marcamos um encontro com a intenção de *chegar (mos) a um acordo.*
b) O clube declarou que o complexo esportivo de Paranaguá *estava disponível para nós.*
c) A atuação do time, no jogo de sábado, foi *uma surpresa positiva.*
d) A crise econômica exigia que todos *fossem comedidos.*
e) A escolha do vice-governador para Secretário de Obras *foi acertadíssima.*
f) Parece mesmo que o atacante paranaense *é a melhor indicação.*
g) Fazia naquele verão um *calor insuportável.*
h) Parece que nossa tentativa de explicação *foi inútil.*

7.

a) O engraçado é que, quando *nós crescemos*, elas nos trocam por meninos mais velhos.
b) O importante é que eles são brasileiros *como eu.*
c) O povo não acredita mais no voto e nos políticos, *porém* é assim que se desenvolve a democracia.
d) *Ela e eu iremos* amanhã a São Paulo.
e) Eles *virão* até aqui amanhã.
f) Tais atitudes podem corresponder ao nosso desejo e *elevar* os carentes a uma posição melhor.

g) Os estudantes *nada escreveram* sobre a dificuldade da prova.

h) Vou recebê-los com todo o amor *deste* meu coração.

8.

a) Errada: Mariana *foi ao cinema* com os dois irmãos mais novos.

b) Errada: Eu já disse que *irei* amanhã bem cedo.

c) Errada: Amigos, agora eu *vou seguindo*...

d) Errada: *Se ir ao cinema com você é algo que me alegra*, claro que eu irei.

e) Correta: Nós fôramos àquela cidade para receber uma bela lição de vida. (também correto: Nós tínhamos ou havíamos ido...)

Teste seus conhecimentos

1. A - Na verdade, "cê" é mais uma redução, de "você".

2. C - Eles não se lembraram dos motivos da viagem de janeiro.

a) *Me garante*, por favor, que você não vai chegar tarde.

b) Nós precisávamos vencer, então *metemos os peitos*.

d) *Rapidinho*, vou ali e já volto.

e) A cidade é linda. *Vem* logo *você* também.

3. D - A substituição de "irá" por "vai ir" é muito ruim, porque tem duas vezes o verbo "ir" (como auxiliar e como principal).

Precisão vocabular

1.

a) O novo assessor queria *ascender* ao posto de secretário.

b) A Reforma Ortográfica altera o uso de alguns *acentos* gráficos.

c) Aos maus políticos, nós *cassamos* corretamente, o que é diferente de caçar animais.

d) O monge se recolheu à sua *cela* para rezar.

e) O governo encomendou um novo *censo* educacional com o objetivo de rever as necessidades de investimento na área.

f) Ao subirmos a serra, encontramos uma forte *cerração*.

g) O rapaz pode ser jovem ou *incipiente*, mas não é ignorante ou *insipiente*.

h) O vestido daquela moça está um pouco *ruço*.

2.

a) Na *seção* de "achados e perdidos", haveria uma *sessão* especial em que muitos aparelhos não procurados seriam objeto de uma *cessão* aos pobres.

b) Aquilo foi algo cruel para destacar a *infração* de trânsito, enfim, uma surpresa ruim tirada do *cesto* de maldades do prefeito.

c) Todos deveríamos beber uma xícara de *chá* depois das refeições.

d) Os jogadores ficam *estáticos* no campo durante o "minuto de silêncio" pela morte do dirigente, numa atitude *decente*.

e) Haverá no próximo sábado um *concerto* no Teatro Municipal cuja *descrição* do roteiro não nos agradou.

f) Jovens normalmente já são *espertos* em informática, porém, com mais estudo se tornam verdadeiros *expertos*.

g) O problema no trânsito aconteceu devido ao rompimento da tubulação de água na *interseção* das ruas Vinícius de Moraes com Manuel Bandeira.

h) Não cabe qualquer *mandado* de segurança, pois nunca se deve *tachar* a imprensa como injusta quando ela cumpre o seu papel de denunciar irregularidades e proteger as fontes.

3.

a) Operação de caça *às ligações clandestinas* acaba com a *irregularidade* em prédio.

b) O líder do governo considerou a ideia da oposição uma *armação* (ou esperteza).

c) A mulher do ex-policial preso também está *sendo investigada pela polícia*.

d) Movimento rural diz que a decisão judicial foi *uma injustiça*.

e) Ministro do TSE diz que o candidato *vai ter dificuldade* para recuperar o mandato.

f) A torcida do clube paranaense pediu *a punição do juiz*.

g) Agora, o ladrãozinho folgado terá que ficar *quieto* por cinco anos...

h) As cenas de *sexo* não chegam a estragar o cinema nacional.

4.

a) No gol do time paulista, atacante estava em claríssimo *impedimento*, mas o juiz não marcou.

b) O Brasil é campeão mundial de *futebol de areia* (ou *de praia*).

c) Inauguraram na esquina da segunda rua um restaurante tipo *autoatendimento*.

d) A atriz marcou sua *apresentação* (ou *atuação*) para o próximo domingo.

e) Tal informação apareceu naquele *documento* que chegou ontem.

f) É preciso iniciar o aparelho para encontrar o documento *anexado*.

g) Às 10 horas, haverá um novo *intervalo*.

h) A palestra feita pelo consultor visava a *dar uma inserção* nas novas ideias da empresa.

5.

a) A Audi informa que começará a produzir o A4 na *fábrica* do Paraná.

b) O clube catarinense anunciou nesta sexta-feira o nome de seu novo *parceiro*.

c) A Dodge pretende trazer para o Brasil a sua nova *camioneta* (ou *perua*).

d) A indústria americana vendeu neste mês muito menos *utilitários esportivos* devido à crise econômica.

e) A nova primeira-ministra até parece uma boa *anfitriã*.

f) Falta definir dois dos participantes do *turno decisivo* do campeonato brasileiro de vôlei.

g) Tudo indicava que a aeronave estava perdendo *força*.

h) A polícia revela que acabou de prender o *chefe da quadrilha*.

6.

a) O Tribunal de Justiça *acolheu* o recurso impetrado pelo partido.
b) O prefeito *admitiu* sua participação no episódio.
c) Os preços das roupas importadas estão mais *altos*, ao contrário dos produtos nacionais que ficaram mais *baratos*.
d) Há queixas de que *o aparecimento* de novas dívidas complicam a aprovação das contas da prefeitura.
e) Aquele treinamento precisa ser *bimensal* para surtir o efeito desejado mais rapidamente.
f) Os campos de petróleo em frente à cidade de Macaé provam que a costa é *fluminense*.
g) Os pequenos produtores têm encontrado certas dificuldades na hora de *comercializar* seus produtos.
h) As ações das empresas *despencaram* na última semana.

7.

a) Os traficantes tiveram seus bens *confiscados* depois da condenação em última instância.
b) Aquela fonte de água mineral está *contaminada*, pois, nos exames, constataram a presença de bactérias bem perigosas.
c) O noticiário da tevê *mostrou* ontem a recuperação de um veículo roubado no Paraná.
d) O incidente revelado pelo jornal teria ocorrido próximo à *fronteira* do Paraná com a Argentina.
e) As lojas da nossa cidade, que sempre apresentam o produto com boa margem de escolha, comprovam a *escassez* do suco de uva gaúcho.
f) O escritor *indiano* viria ao país na época do Natal, mas preferiu conhecer o carnaval carioca.
g) Os estudantes iniciaram ontem, pela terceira vez, novamente sem violência, a *ocupação* do prédio da reitoria da universidade estadual.
h) No almoço de hoje, comerei *o alimento igual ao* de ontem.

8.

a) O comunicado da empresa *citou* (ou *confirmou*) que haveria férias coletivas a partir de primeiro de dezembro.
b) A nova companhia aérea já começa voando para três cidades *estrangeiras*.
c) O rapaz esperava impressionar a jovem recitando *um poema* de Vinicius de Moraes.
d) Novo edital para banda larga sem fio só sairia depois de *vitória* na Justiça.
e) Os habitantes do bairro se sentiram revoltados com o fato de os acidentados de ontem terem seus corpos *abandonados* no asfalto durante mais de cinco horas.
f) Ontem, também *houve* sol forte e praias lotadas no Rio.
g) O velho marinheiro, próximo da morte, pediu a garantia de *uma cerimônia fúnebre* no mar.
h) Nascido na Bolívia, o empresário de *ascendência* polonesa passou a adolescência no Chile e, agora, vive no Brasil.

Teste seus conhecimentos

1. A - Diz-se israelense para o natural de Israel; chama-se judeu qualquer descendente desse povo, independente de onde tenha nascido e considera-se israelita aquele que segue a religião ou tradição milenar do povo judeu.

2. C - Veja que, na frase, "A verdade é que eles não gostam de fazer provas, mais têm de fazê-las sempre", a palavra "mais" está mal escrita, pois, sendo sinônimo de "porém", deveria ser "mas".

3. E - Ora, as pessoas já não têm tanta paciência, *porque* (= pois) é comum que se frustrem a cada eleição. * É a única que se completa com a segunda forma dos parênteses.

a) Não se conhece o real motivo *por que* (= pelo qual) houve tanta abstenção.
b) Todos querem saber o *porquê* (= o motivo) de a cidade não usar bem a verba.
c) *Por que* (Por qual motivo) a sociedade culpa sempre os políticos?
d) O povo não entende direito tantas mentiras dos políticos. *Por quê*? (= Por que motivo, no final)

Construção frasal

1.

a) Quando o torcedor pega no pé dos jogadores, eles erram mais.
b) Ontem, após o treino, os jogadores do Botafogo tentaram mostrar que estão unidos.
c) O novo ministro da Cultura disse que transferirá para Brasília a direção da Funarte, cujo novo presidente, Sérgio Mamberti, foi anunciado ontem.
d) O time de Felipão, fora de casa, superou, por 3 a 0, o Hull, com quem dividia a segunda colocação do Campeonato Inglês.
e) Como presente de aniversário, Rafaela, de 13, que ficou muito feliz, ganhou da mãe um dia num *day spa*.
f) Feito em 52 países, com mais de 16 mil pacientes, estudo canadense revelou que a dieta rica em gordura e sal responde por 35% dos ataques cardíacos.
g) O governador parece preocupado; por isso, reúne-se hoje com todo o secretariado.
h) Pedro Torres Fraga lembra que, então, como ministro das Relações Institucionais, sofreu na pele as críticas da oposição à reabertura dos casos.

2.

a) Tesouro dos EUA pode estatizar bancos que corram risco de falência.
b) Firma brasileira pede ao Equador respeito.
c) Governador cancela dupla taxa de incêndio.
d) Tudo se deveu a uma derrota diante do time mineiro, a qual foi responsável pela queda do time paranaense.
e) É o fim de um ciclo, como, no domingo, admitiu, para o novo prefeito, Cesar Maia, que começa a se despedir.

f) Amanhã, quando mais de 4,5 milhões de eleitores vão às urnas para votar, as Forças Armadas ocuparão áreas próximas das comunidades pobres e das seções eleitorais.

g) Como a foto do candidato só aparece antes de o voto ser finalizado, apenas receberia o dinheiro quem lhe dissesse que, após concluída a votação, não há nenhuma imagem.

h) Na noite de anteontem, Renan Calheiros disse ao ministro José Múcio que o partido dele, Renan, tem a maior bancada, daí o direito de pleitear a presidência do Senado.

3.

a) O menino chegou tarde, *porque* (ou *porque ele*) *não sabia o horário.*

b) Compramos *uma casa nova que é bem bonita.*

c) Eu sinto falta de minha cidade, *pois ela me traz doces lembranças.*

d) Jorge Amado foi um grande escritor, *e eu gosto muito dos livros dele* (ou *dos seus livros*).

e) A menina esqueceu o seu celular na escola, *porque o havia colocado sob a carteira.*

f) Nós amamos a seleção brasileira de futebol, *ainda que ela não nos dê sempre as alegrias que esperamos.*

g) O vendedor de óculos escuros é uma figura normal nas praias nordestinas, *porque eles são necessários ali.*

h) *Houve graves acidentes, que causaram duas mortes,* na estrada de Florianópolis, devido ao mau tempo reinante na região.

4.

a) O brasileiro não confia no americano, porque *este* (ou *esse*) nem sempre é amigo.

b) Dificuldade e emoção combinam muito, *a primeira* aumenta o desejo e *a segunda* (ou *a última*), o prazer.

c) Tal prática era muito condenada numa sociedade antiga, quando *a atividade* não era bem analisada.

d) O país precisa retomar o crescimento, já que *este* (ou *esse*) é o melhor para o povo.

e) A classe política adora Brasília porque *lá* é uma festa.

f) Interesses econômicos e projetos sociais, às vezes, se opõem, mas o certo é que, num país com tantos pobres, *os últimos* são mais urgentes do que *os primeiros.*

g) Homens e mulheres não veem tal situação da mesma forma, *elas* acham os avanços pequenos, enquanto *eles* consideram *estes* (ou *esses*) apressados.

h) Carros americanos e brasileiros têm concepções básicas diferentes quanto ao consumo de combustível, *os nossos* são mais econômicos e *os deles* mais potentes.

5.

a) A polícia suspeita que ele seja *um dos principais auxiliares do traficante Boladão.*

b) Kaká fez 51 gols na temporada, *e Ronaldinho Gaúcho, a metade.*

c) Aeroporto de Congonhas *é o que tem mais acidentes no Brasil.*

d) Preso ontem, em Curitiba, *o chefe da quadrilha* que assaltou o Banco do Brasil em Porto Alegre.

e) Acidente com ônibus no Sul deixa dois mortos.

f) Na queda do casarão, a mulher, *infelizmente, perdeu uma das pernas.*

g) O carro das moças *foi bloqueado* pelo assaltante armado com um fuzil.

h) Na madrugada de sexta-feira, no centro da cidade, *a imprudência fez mais uma vítima.*

6.

a) Houve muita briga na praça central *durante as manifestações contra a atitude agressiva do prefeito e a favor da sua decisão polêmica.*

b) Os jogadores do Paraná Clube *querem se redimir da derrota de sábado.*

c) O time paranaense *tem de diminuir o prejuízo.*

d) O juiz da partida não considerou o gol porque *viu a bola entrar por um furo na rede.*

e) *O recém-contratado* faz hoje sua segunda partida pelo Furacão.

f) Em relação ao esperado encontro entre os dois políticos, *nada aconteceu.*

g) Antes mesmo do lançamento do prédio que *ocupará* o último terreno vazio da orla de Copacabana, foram vendidas as duas coberturas.

h) Tal fato fez-nos crer que *o Executivo é o único responsável pela crise, mas a verdade é que o Legislativo também tem parcela de culpa.*

7.

a) Quando as comemorações começaram, iniciou a confusão.

Porque as comemorações começaram, iniciou a confusão. (muda de tempo para causa)

b) A turma desenvolverá a ação solidária, se a diretoria a apoiar.

A turma desenvolverá a ação solidária, quando a diretoria a apoiar. (muda de condição para tempo)

c) Ainda que as condições sociais fossem adequadas, os governantes não aproveitaram o momento para se mostrarem dignos de modernos.

Contanto que as condições sociais fossem adequadas, os governantes não aproveitaram o momento para se mostrarem dignos de modernos. (muda de concessão para condição)

d) Os professores prepararam todos os detalhes, para que a prova transcorresse em clima de calma e tranquilidade.

Os professores prepararam todos os detalhes, desde que a prova transcorresse em clima de calma e tranquilidade. (muda de finalidade para condição)

8.

1.

a) O atleta *saiu* tarde, mas logo alcançou os rivais.

b) O atleta *saía* tarde, mas logo alcançava os rivais.

c) O atleta *sairia* tarde, mas logo alcançaria os rivais.

d) O atleta *sairá* tarde, mas logo alcançará os rivais.

2.

a) *Havia* necessidade de que as autoridades fossem comunicadas do evento.
b) *Há* necessidade de que as autoridades sejam comunicadas do evento.
c) *Havia* necessidade de que as autoridades tivessem sido comunicadas do evento.
d) *Haverá* necessidade de que as autoridades venham a ser comunicadas do evento.

3.

a) Conquanto *possa resolver* o caso, sempre deixa para depois a sua reação.
b) Apesar de *poder resolver* o caso, sempre deixa para depois a sua reação.
c) Mesmo *podendo resolver* o caso, sempre deixa para depois a sua reação.
d) Ainda que *pudesse resolver* o caso, sempre deixava para depois a sua reação.

Teste seus conhecimentos

1. B - "Os torcedores comemoraram a linda partida na Arena da Baixada, *em que* (= quando) o Furacão se tornou campeão brasileiro."

a) "Os torcedores comemoraram a linda partida na Arena da Baixada, *onde* (= lugar) o Furacão se tornou campeão brasileiro."
b) "Os torcedores comemoraram a linda partida na Arena da Baixada, *desde qual* (forma inexistente) o Furacão se tornou campeão brasileiro."
c) "Os torcedores comemoraram a linda partida na Arena da Baixada, *que* (faltou o "em") o Furacão se tornou campeão brasileiro."
d) "Os torcedores comemoraram a linda partida na Arena da Baixada, *porque* (= causa) o Furacão se tornou campeão brasileiro"

2. D - "Domingo, fui à praia com minha namorada. Acordamos *tarde*, por volta das dez da manhã, e, após um longo congestionamento, chegamos ao local *depois de muito tempo*. Lá, encontramos alguns amigos da faculdade, *mas, apesar disso*, preferimos ficar sozinhos. Passamos um dia muito *desagradável*, já que brigamos durante muitas horas."

3. E - Não só haviam se tornado especialistas no assunto, *mas também conheciam outras formas de expressão*. (agora a ideia de adição está clara)

a) A moça, *embora fosse atenta*, não conseguia aprender tudo. (ideia de concessão)
b) *Mal chegaram*, procuraram os amigos. (ideia de tempo)
c) *Como a noite se aproximava*, resolveram acampar ali mesmo. (ideia de causa)
d) *Desde que eles tenham tempo*, devem vir à aula. (ideia de condição)

Concisão

1.

a) A prefeitura construiu várias casas *para abrigar pessoas prejudicadas pela enchente*.
b) Parece *que há mais de um culpado* na crise governamental.
c) A cidade se preparou *para receber os visitantes de verão*.
d) O certo é *que se envie o tal documento* para a sede campestre da associação.
e) Está na hora *de experimentar novas diversões mais radicais*.
f) Convém *que se estudem novas soluções para os problemas ambientais*.
g) Não se deve depender *de conhecimentos sem base científica*.
h) É necessário *que se conheçam melhor as sugestões da oposição*.

2.

a) Pleonasmo desnecessário: *A sociedade paranaense não aprova* os gastos excessivos do governo.
b) Pleonasmo desnecessário: *A mim parece* (ou *Parece-me*) que o aquecimento global deve merecer maior atenção.
c) Questão de estilo / expressividade: Nós vimos com esses olhos que não se cansaram de olhar algo tão estranho.
d) Anacoluto: *A mãe disse ao menino que* fizesse uma escolha mais equilibrada.
e) Questão de estilo / expressividade: Morrer morte de herói é algo que não diminui a dor da perda.
f) Pleonasmo desnecessário: A professora fez observações importantes ao seu aluno, *mas o sentimento de culpa dele era grande*.
g) Anacoluto: *Sempre devemos obedecer às leis*, mesmo que não pareçam boas.
h) Pleonasmo desnecessário: *O atacante pisou o zagueiro* que estava caído na entrada da área.

3.

a) Dois dos bandidos mortos seriam da Vila Operária, na periferia de Curitiba, e, *com eles*, foram encontrados um fuzil, uma pistola, um revólver e uma escopeta.
b) Uma das principais críticas foi o fato de a emissora ter deixado o programa, gravado no dia 16, *ir ao ar* cinco dias depois, o que resultou no vexame final.
c) João Lessa não concorda 100% com Mariana Fraga, *mas ambos consideram* que o governo precisa sair em socorro das empresas.
d) Esse certificado dá direito a isenção. *Quem o perde* por alguma irregularidade é obrigado a recolher o dinheiro dos impostos que deixou de repassar aos cofres públicos.
e) A Polícia Militar goiana entrou em campo por causa da reclamação dos jogadores do Caxias *devido à marcação de um pênalti* (ou: A Polícia Militar goiana entrou

em campo *motivada por reclamação dos jogadores do Caxias* por causa da marcação de um pênalti).

f) Lá dentro, soube-se depois, a reunião se desenrolava em um ambiente inesperadamente disputado, em que os líderes republicanos colocavam-se contra a posição do presidente Bush, *que a presidia* com uma aparência abatida.

g) O técnico Luis Aragonés, segundo Parreira, disse que, para vencer a Eurocopa, a Espanha priorizou os toques rápidos e inteligentes *em vez de qualquer esquema* de jogo (ou: O técnico Luis Aragonés, segundo Parreira, disse que, para vencer a Eurocopa, *a Espanha privilegiou os toques rápidos e inteligentes* em vez de priorizar qualquer esquema de jogo).

h) A vereadora eleita em Paranaguá *tem telefonado* para políticos mais experientes, não necessariamente ligados ao grupo de seu pai (ou: A vereadora eleita em Paranaguá tem ligado para políticos mais experientes, *não necessariamente pertencentes ao grupo de seu pai*).

4.

a) *Aprovado* pela maioria dos equatorianos, Rafael Correa deve obter hoje apoio à nova Constituição (ou: Apoiado pela maioria dos equatorianos, Rafael Correa deve obter hoje *aprovação* à nova Constituição).

b) A feira Brasil Rural Contemporâneo vai reunir no Rio de Janeiro *produtos feitos* no interior do país de forma sustentável.

c) A estatização da subsidiária norueguesa Kaupthing inclui todas as operações bancárias no país, *dentro de um novo conjunto de regras*.

d) *Um jornal* tem um valor intrínseco que muitas vezes não é percebido: além de ser um veículo de informação, ele se torna muitas vezes um documento histórico.

e) A farinha, produzida no Brasil, está sendo barrada *por utilização de pesticida* usado no Brasil e proibido nas lavouras de milho americanas (ou: A farinha, produzida no Brasil, está sendo barrada por uso de pesticida *utilizado no Brasil* e proibido nas lavouras de milho americanas).

f) O atleta brasileiro falou da necessidade de antecipar *a partida* para a Espanha, passando a viajar no sábado (ou: O atleta brasileiro falou da necessidade de antecipar a viagem para a Espanha, *passando a ir no sábado* ou, ainda, O atleta brasileiro falou da necessidade de antecipar a viagem para a Espanha, *partindo no sábado*).

g) O governador justificou a participação de *correligionários* de sua candidatura no ato de sábado.

h) Os líderes aliados decidiram iniciar um esforço para votar a reforma tributária, embora governadores do PSDB e do PMDB não concordem *em fazê-lo* num ambiente de crise econômica.

5.

a) A secretária *avisou-lhe* que a hora da reunião havia chegado.

b) *Informaram-no* dos motivos da ausência dos empresários.

c) No jogo do nosso time, ficamos tensos enquanto *assistíamos a ele*.

d) O certo é que *não lhe proibiram* envidar todos os esforços para recuperar o tempo perdido.

e) Ela, hoje, odeia seu irmão, mas contou-me *que o namorou* durante seis meses.

f) Novos tempos *permitiram-lhe* esquecer os dolorosos acontecimentos daquela viagem.

g) Os superiores *encarregaram-no* de comentar os casos mais complicados.

h) Nossa turma foi sempre bem comportada, porém *não lhe perdoamos* a falta mais recente.

6.

a) O conto daquele livro *de que* (ou *do qual*) mais gostei foi premiado.

b) A cantora de jazz é uma pessoa *de que* (ou *de quem* ou *da qual*) jamais me esquecerei.

c) Tu tens certeza de que é este o cargo *a que* (ou *a qual*) aspiras?

d) A cidade *a que* (ou *à qual* ou *aonde*) chegamos na nossa viagem de férias não tinha hotéis.

e) Aquela mulher de saia vermelha é a repórter *com quem* (ou *com a qual*) simpatizo muito.

f) Todo o secretariado recebera alguns elogios *de que* (ou *dos quais*) não costumava ter qualquer lembrança.

g) Era a hora de receber um carinho *de que* (ou *do qual*) a moça estava muito necessitada.

h) O rapaz ouviu as palavras duras com a frieza *a que* (ou *à qual*) sua mãe procurava não aludir.

7.

a) *Como explicação*, o senador diz que foi enganado por um de seus assessores.

b) A professora diz que, *como educadora*, fica muito preocupada com o rumo que vem tomando a discussão.

c) A melhor forma de superar os desafios é *encará-los*.

d) Internacional e Vasco *é um clássico* do futebol brasileiro.

e) O Atlético Paranaense *contratou o atacante ao São Paulo.*

f) A empresa *depositará* seu pagamento pela palestra hoje à tarde.

g) O gerente da produtora foi demitido *devido à sua incapacidade técnica*.

h) Os secretários de estado preferiam ver tal assunto *apagado* da agenda da reunião de hoje com o governador.

8.

a) Aquela ação da prefeitura, em relação ao espaço urbano, parece conveniente.

b) O grupo de música folclórica italiana espera realizar bons negócios durante a festa.

c) A reunião de empresários das duas nações é ótima oportunidade de desenvolver os projetos do comércio.

d) A crise mundial indica que, mesmo assim, não se deve deixar de punir os maus gestores.

e) O palestrante preveniu os assistentes de que não se devem propor ideias, sem que haja boa argumentação.

f) Uma análise do momento revela que não é hora de correr grandes riscos no mercado financeiro.
g) Depois da inundação, é hora de totalizar os prejuízos da cidade.
h) A obra de construção da nova praça finalmente foi autorizada pelo Tribunal de Contas do Estado.

Teste seus conhecimentos

1. D - "... e eu prefiro *aquele* (o chester, o que está mais longe, o masculino) *a ela* (a perua, a outra)."
2. E - Como "o regulamento da empresa" é coisa, o melhor é, em vez de "lhe", usar "a ele": "Os chefes demitidos sempre obedeceram a ele."
3. B - Já que se trata de uma preposição dissílaba ("contra"), o conceito da eufonia recomenda o uso do relativo "a qual" e flexões: "Cometiam muitas maldades *contra as quais* a sociedade organizada era impotente."

Correção gramatical: concordância verbal e nominal

1.

a) *Kombi* com adesivos e bandeiras do político ainda *circula* por aí.
b) O julgamento da ação que *o prefeito e a mulher movem* contra a juíza da cidade ainda não ocorreu.
c) O candidato republicano dizia que *o apoio* dos generais ao democrata Obama não *iria* influenciar a votação.
d) O juiz pediu que a maioria do partido apresentasse *os testemunhos que comprovassem* a filiação do candidato em data válida.
e) *O preço* do barril de petróleo, caindo aos níveis atuais, *tornou* o pré-sal uma radiosa promessa para tempos mais propícios.
f) O jovem teve 70% *do corpo queimado* após ser flagrado fumando maconha na área. (embora a outra não seja errada, esta é bem melhor)
g) Todos os especialistas defendem o nome do produto, menos *o pessoal do marketing* em Paris, *que*, diante da queda de vendas da marca, *insiste* na escolha de um nome francês.
h) É claro que *a redução* dos investimentos estrangeiros *afetará* a estabilidade da moeda nacional.

2.

a) Terça, na presença do ministro da Cultura, *será assinada* com a Fundação Joaquim Nabuco *a cooperação técnica* para viabilizar a formação de nova turma.
b) Pelo menos *87 crianças e 6 professores* do Colégio Municipal Nossa Senhora de Lourdes, em Foz do Iguaçu (Paraná), *foram internados* ontem à tarde com suspeita de intoxicação.
c) Na síndrome de vaga-lume que caracteriza a seleção brasileira, têm cabido sempre ao torcedor brasileiro *os jogos* sem nenhum brilho.
d) É importante, na divisão do dinheiro, saber o número de modalidades esportivas, os patrocínios e o peso que *os recursos* da lei *têm* sobre cada confederação.
e) *Outras empresas brasileiras*, como a Anapolitana Guedes, que constrói o novo aeroporto da cidade equatoriana, não *têm* queixas do presidente.
f) Os três estavam parados *havia* alguns meses e, por isso, podiam ter sido mesmo um problema a mais.
g) O jornalista contou que, *faz* dois meses, parte da tiragem do seu jornal, que circula às sextas-feiras na cidade, foi apreendida de forma irregular.
h) A coordenação da campanha decidiu adotar a escolta por causa do temor de que *haja* armações contra o candidato nesta última semana.

3.

a) Não sou a favor de que se *desliguem os pardais* à noite, mas de que haja segurança e sinalização.
b) *Têm que se pensar alternativas* para que essas meninas não fiquem condenadas a um trabalho tão precário.
c) O resultado dos estudos mostra que *não se aprendem as lições* lendo, mas vivenciando-as.
d) O ministro da Saúde japonês acredita *que se devem evitar os alimentos gelados.*
e) O que *Rodrigão e Bruno estão jogando* na Liga Nacional é de tirar o chapéu e nos fazer pensar o que *poderiam ter feito* como titulares em Pequim...
f) *As duas últimas pessoas* que *saíram* do Hotel Granada, em São Vicente, fechado ontem, foram a premiada atriz Maria Felicidade e o grande músico Albert Hall.
g) O autor *das gravações clandestinas, que teriam sido feitas* a pedido do delegado, foi, segundo as investigações, o aposentado João Santos.
h) O senador e o deputado ainda não viram *seus projetos se transformarem* em lei.

4.

a) *A embarcação russa*, naquela ocasião festiva e pouco comum, *é levada* para o dique seco a fim de *ser reparada.*
b) De bermuda, *óculos escuros*, boné e camiseta, o artista procura ficar incógnito e corre a Meia Maratona de Curitiba.
c) As empresas brasileiras desenvolvem produtos definidos por técnicos governamentais, mas *a maioria da sociedade* ainda não *vê* os resultados trazidos por eles.
d) Massa deixou *clara a expectativa* de que, realmente, poderia vencer a corrida.
e) Além disso, *a inscrição* do proprietário do veículo *será encaminhada* para a Dívida Ativa Estadual.
f) O economista disse que os investidores em fundos de participações com um horizonte de cinco anos devem ficar *alerta* em relação aos bons negócios, mesmo nos setores ligados às exportações.

g) Grandes *nomes* surgiram naquele final de século, como o da cantora lírica Praskovia Kovalevskaia.

h) No caso dos leitores que enviarem suas fotos diretamente dos celulares, *fica caracterizada a concordância* com as regras.

5.

a) Os serviços de atendimento aos acidentados em nosso estado, ainda hoje, *detêm* alguns índices positivos em relação ao restante do país.

b) Os modelos atuais de educação *reveem* conceitos antigos, sempre em prol de uma formação mais cidadã.

c) O futebol paranaense se *precaveu* contra possíveis vinganças dos árbitros paulistas.

d) Ontem, ao anoitecer, os dois seguranças *intervieram* numa briga entre vários jovens.

e) Num momento do passado colonial brasileiro, tais questões *couberam* ao rei de Portugal.

f) Se nós *prevíssemos* a decisão do juiz, os invasores ainda teriam uma pequena oportunidade de ocupar aquela terra ociosa.

g) A sociedade deve estar preparada para qualquer reação se lhe *impuserem* exigências incompatíveis com a democracia.

h) Quando ela *reouver* o ânimo que perdeu naquela relação, novas chances melhores se abrirão para todo o seu grupo.

6.

a) Se não se *dispuserem* a criá-los agora, nenhum destes cargos vai parar as universidades.

b) Tais novidades *tinham chegado* ao Brasil, trazidos por Le Clézio, nos anos 80 do século passado.

c) Se *virar* (ou *virasse*) lei o projeto do senador gaúcho de recuperar o poder aquisitivo dos benefícios, o custo *aumentará* (ou *aumentaria*) em R$5,8 bilhões por mês.

d) *Fostes* (ou *Foste*) à tribuna criticar jornalistas importantes daqui e me *ignorastes* (ou *ignoraste*) solenemente.

e) O serviço *atenderá* os moradores da Barra que *têm* dificuldade em se dirigir à rodoviária com bagagens em ônibus urbanos.

f) Se você *afrouxar* (tu *afrouxares*) a coleira e *deixar* (ou *deixares*) o bicho *conduzi-lo* (ou *conduzir-te*) durante o passeio, *perceberá* (ou *perceberás*) que certos cachorros nunca vão *puxá-lo* (ou *puxar-te*) em linha reta.

g) Os bairros *foram pegos* de surpresa, mas, na verdade, a sociedade *havia ganhado* novos incentivos para o transporte mais solidário.

h) É fundamental que o Detran e Center Shopping *escolham* uma peça criativa para falar de consciência no trânsito.

7.

a) Nós, ontem, *vimos* (verbo ver) um excelente jogo do campeonato brasileiro de futebol.

b) Na semana passada, nós não *viemos* à faculdade por estarmos doentes.

c) Os argentinos vêm ao Brasil, *veem* nossas praias e vão embora com vontade de voltar no ano seguinte.

d) No sermão, o padre disse: É fundamental que vós *vades* ao encontro dos vossos desejos e de vossa fé.

e) Se *vierem* até esta nossa cidade, encontrarão conforto e hospitalidade constantes.

f) Caso *fossem* ao Rio de Janeiro, aquela cidade tão cara a todos os brasileiros, ficariam encantados com a sua beleza natural.

g) Se *ir* ao limite na relação amorosa é algo que lhe agrada, vá em frente e, depois, aguente as consequências.

h) Naquele momento, eu *fui* mais rápido do que todos e, claro, *fui* sentar ao lado da mulher mais bonita da festa.

8.

a) Aquela palavra tem dois *hifens*.

b) Pedro e Paulo são dois maus *caracteres*.

c) Naquela vez, o professor estava *seriíssimo* quando brigou com a turma.

d) A coleção do campeão de atletismo chegava a mais de cem *troféus*.

e) Os times paranaenses ainda vão enfrentar os *bichos-papão* do campeonato.

f) O governo federal nunca reajustou seriamente o valor dos *salários-família*.

g) Houve, na periferia, da cidade, dois *quebra-quebras* que tiveram resultados desastrosos para o trânsito.

h) Eles pediram seis pasteizinhos para comer nos *barezinhos* a caminho do mar.

Teste seus conhecimentos

1. C - "Para (tu) *vires* ao Jardim Botânico, é preciso que (tu) *vires* à direita, quando (tu) *vires* o terceiro sinal de trânsito."

2. E - "A torcida estava *meio* (advérbio) irritada com as atuações *bastante* (advérbio) ruins dos times; assim, *meia* (numeral) arquibancada estava vazia, cheia de *bastantes* (pronome adjetivo indefinido) claros."

3. B - Veja que, em "Duas são as situações complicadas que nos convêm resolver o mais rápido possível", o sujeito do verbo "convir" é "resolver"; assim, é preciso que ele fique na 3.ª pessoa do singular: "convém", e não "convêm". A forma correta é: "Duas são as situações complicadas que nos *convém* resolver o mais rápido possível".

Regência, crase, pronomes e ortografia

1.

a) A nova turma está segura *de* seu conhecimento.

b) O novo computador é compatível *com* o equipamento antigo.

c) A verdadeira paixão é essencial *a* todo ser humano.

d) Eles estavam ávidos *por* novas emoções.
e) O advogado era residente *em* uma avenida em frente ao mar.
f) Os novos vereadores não parecem firmes *em* suas convicções.
g) Os brasileiros são capazes *de* grandes decisões.
h) Nossa opção *por* modelos recentes de educação é mais que justificada.

2.

a) Aquela promoção, sem dúvida, agradaria *a você*.
b) A dúvida de todos os presentes ajudou *você* a se decidir.
c) O professor aludiu *a você* naquela ocasião solene.
d) O encarregado da fábrica avisou *você* de que na segunda-feira não haveria expediente.
e) Os policiais informaram *a você* que a cena do crime não poderia ser modificada.
f) Proibiram *você* de continuar agindo dessa forma.
g) *A você* cabe retomar os estudos e conseguir bons resultados.
h) Deve-se perdoar *a você* antes que seja tarde.

3.

a) *Nós não sabemos exatamente o que queremos na vaga que esperamos* ocupar nessa empresa.
b) Não há dúvida de que a oportunidade de ocupar a nova gerência se ofereceu para quem trabalha *com nós mesmos*.
c) Ocorreu uma promoção como essa *há uns dois ou três anos*, mas o cargo foi oferecido a um estranho.
d) *Às vezes, à maioria das pessoas cabe* a decisão de recorrer a outros meios, porém, *à meia voz*, diz-se que o melhor é fazê-lo *à moda de mineiros*, isto é, na surdina.
e) As duas mulheres sofreram a agressão *à mão armada* mais estranha deste mundo, mas reagiram *à situação*, dizendo que não entregariam as bolsas *à quadrilha*.
f) *Este meu* bom senso, unido a *essa sua* coragem, podem resolver o problema *desta cidade em que nós vivemos*, dizia o ex-governador *naquela ocasião*.
g) Trouxeram o CD para eu ouvir e o livro *para ti*, assim tu não precisas devolvê-lo.
h) *Para mim* (,) conhecer outras culturas é fundamental no meu processo de aprendizado.

4.

a) Ele não *possui* bons antecedentes.
b) Espero que ela *continue* falando a verdade.
c) Menino, *distribui* o brinquedo direito.
d) Espero que você não se *atordoe* muito com isso.
e) Eles *ontem continuaram* a sua atividade normal.
f) Sabemos que todos, *amanhã, ajudarão* os necessitados.
g) As alternativas *estão* aí.
h) Tais atitudes nos *custam* caro.

5.

a) *Mal* começou a chuva, todos procuraram um abrigo.
b) O *mau* professor não atende seus alunos com carinho.
c) Não há *mal* que sempre dure.
d) A incerteza lhe faz muito *mal*.
e) Sempre aprendo tudo, *porque* me esforço bastante.
f) *Por que* esta palavra é tão complicada?
g) A razão *por que* ela cometeu o delito ainda não está clara.
h) Eles querem saber o *porquê* da confusão.

6.

a) A única vez em que andou numa Ferrari, ela ficou apavorada, *segurando-se* no banco de tanto medo.
b) Agora vou começar a viajar para lugares mais perto - *diverte-se* o designer.
c) Na economia, o governo de Obama *não se cercou* de veteranos do governo Clinton?
d) Em depoimento, o acusado contou *que, por acaso, se encontrou* com o analista da Abin.
e) *Como se tornou* bom pagador, o governo já é atendido por 303 mil empresas, que têm negócios de R$18 bilhões.
f) Seu prestígio foi dinamitado *quando "Revolução" se sagrou* fiasco de público.
g) Foi um jogo animado, sem falar da expulsão bem aplicada por Héber Roberto Lopes, *que, por sinal, se saiu* muito bem.
h) O governo recém-eleito apresentou proposta, no Parlamento do Mercosul, de constituição de um memorial da Guerra do Paraguai *na qual se refere* às mortes de paraguaios no conflito como "genocídio".

7.

a) O *voo frequente* é uma boa forma de evitar *enjoo*.
b) As crianças *veem* a *jiboia*, mas não a detêm por medo de pôr suas vidas em perigo.
c) A *assembleia apoia* aqueles que *creem* ser possível *aguentar* a crise econômica mundial.
d) Ele pôde fazer *cinquenta* flexões, mas hoje não pode dar *sequência* a mais de dez.
e) *Abençoo* todos os seres solidários como *consequência* do último *quinquênio* em que ficou claro seu apoio aos que pouco têm.
f) Os jovens bons *creem* mais no futuro, e eu os *apoio* na procura de viverem uma *epopeia* específica.
g) A sociedade não *para* para ver a evolução de uma *ideia* trazida por pessoas incríveis.
h) Vem um novo dia, e é hora de pôr mãos à obra para solucionar o *sequestro* do fabricante de *linguiças*.

8.

a) Calcule o *cosseno* da figura.
b) No acidente, o carro teve o *para-lamas* traseiro direito amassado.
c) Os *abaixo assinados* pedem que o síndico retome as negociações sobre o valor do condomínio.
d) Aquela menina é muito *malcriada*.
e) Uma mulher *à toa* é um pouco diferente de alguém que vive a vida *à toa*.
f) Conhecer o nosso *dia a dia* é fundamental; por isso, nossos conhecimentos devem aumentar *dia a dia*.

g) Pior do que *mal-humorado*; ele é mesmo *mal-educado*.
h) Pode-se comer um bom *pé de moleque* na feira.

Teste seus conhecimentos

1. E - Está na hora de saber o *porquê* de vocês não estarem satisfeitos com o resultado.
   a) *Por que* motivo a polícia não invadiu o apartamento?
   b) Perguntei *por que* a esperança deixou de existir.
   c) As coisas aconteceram assim; *por quê*?
   d) Quero saber *por que* cargas d´água ela desistiu da promoção.
2. E - Não se tratava de *um mau evento* (o oposto de "um bom evento"), porém, também não era nada especial.
3. C - "A sociedade está *à procura* de novas oportunidades de estudo, por isso, aprender *à distância* é uma forma cada vez mais comum de acessar os conhecimentos *de que* precisamos para a atividade profissional."

Pontuação: a vírgula

1.
   a) O pai, a mãe e o filho saíram de casa (,) ontem (,) pela manhã.
   b) Se tiver dinheiro, irei ao teatro e ao cinema.
   c) Foram reprovados no terceiro ano (,) porque não estudaram.
   d) Terminada a aula, os jovens correram para a quadra de esportes.
   e) A verdade, convém dizer, dói para os que não têm coragem.
   f) No domingo, as pessoas, ainda que nem sempre possam, gostam de descansar e curtir a natureza.
   g) O jogo do Atlético, disse o técnico, será duríssimo.
   h) A modelo curitibana é alta, bonita, dócil e alegre.
2.
   a) *O homem*, que é um ser mortal, tem a alma imortal.
   b) Simone, *uma de minhas filhas*, é médica.
   c) O consumidor estrangeiro comprou duas, *aliás*, três lembrancinhas.
   d) *O jogador*, durante o primeiro tempo da partida, sofreu uma entorse.
   e) *Graciliano Ramos*, que escreveu "Vidas secas", foi um grande escritor.
   f) A Lua, *às sete horas*, aparecia no horizonte.
   g) O Brasil é um país amigo, *isto é*, recebe bem qualquer visitante.
   h) *Policial*, por favor, leve este senhor à delegacia, que ele foi assaltado.
3.
   a) As atletas treinaram bastante, e conseguiram excelentes resultados.
   b) Os estudantes tiveram ótimo desempenho, e não haviam estudado coisa alguma.
   c) O professor falou, e falou, e falou, e desistiu...
   d) Amor e felicidade, todos precisam disso.
   e) Ao homem de idade, pouco lhe é dado como recompensa pelo que fez na vida.
   f) As notícias da tevê, nem sempre elas são agradáveis.
   g) As reportagens dos jornais, muitos leitores nem sempre compreendem.
   h) Curitiba, 2 de março de 2009.
4.
   a) O trem de Paranaguá, às dez horas, chegou à estação. / Às dez horas, o trem de Paranaguá chegou à estação.
   b) Nós, durante o feriado, viajamos de carro. / Durante o feriado, nós viajamos de carro.
   c) Muitos problemas, devido ao mau uso de remédios, podem acontecer com as crianças. / Devido ao mau uso de remédios, muitos problemas podem acontecer com as crianças.
   d) A oficina de carros, mesmo com pagamento adiantado, recusou o serviço. / Mesmo com pagamento adiantado, a oficina de carros recusou o serviço.
   e) As duas moças, por não se comportarem devidamente, foram repreendidas. / Por não se comportarem devidamente, as duas moças foram repreendidas.
   f) Todos, quando virem a seleção fazendo um gol, ficarão satisfeitos. / Quando virem a seleção fazendo um gol, todos ficarão satisfeitos.
   g) Eles, se prestarem total atenção, aprenderão o conteúdo da melhor maneira. / Se prestarem total atenção, eles aprenderão o conteúdo da melhor maneira.
   h) O Jardim Botânico, embora não se marque por grandes novidades, tem novas atrações belíssimas. / Embora não se marque por grandes novidades, o Jardim Botânico tem novas atrações belíssimas.
5.
   a) Os melhores momentos da nossa seleção ocorrem fora do país.
   b) Pelé foi considerado o atleta do século XX.
   c) Paulo e João trabalham e estudam.
   d) Os senadores do nosso estado não compareceram à sessão nem mesmo estavam em Brasília.
   e) As florestas de Mata Atlântica parecem estar se acabando.
   f) O povo elegeu aquela celebridade sua favorita.
   g) Deseja-se que o nosso pensamento seja ouvido durante muito tempo.
   h) Quem espera sempre alcança.
6.
   a) O autor da denúncia não foi encontrado; no entanto, deixou muitas provas. / O autor da denúncia não foi encontrado; deixou, no entanto, muitas provas.
   b) Chovia muito; porém, partiu para Santa Catarina. / Chovia muito; partiu, porém, para Santa Catarina.
   c) O remédio era adequado ao seu caso; por isso, o paciente já estava melhorando. / O remédio era adequado ao seu caso; o paciente, por isso, já estava melhorando.

d) Seus pais o esperavam na cidade; então, ele ficaria feliz. / Seus pais o esperavam na cidade; ele, então, ficaria feliz.
e) Os dias de frio se aproximavam; entretanto, ela não estava preparada para isso. / Os dias de frio se aproximavam; ela, entretanto, não estava preparada pra isso.
f) O Paraná Clube tem de melhorar muito; contudo, os dirigentes não se esforçam para conseguir êxito. / O Paraná Clube tem de melhorar muito; os dirigentes, contudo, não se esforçam para conseguir êxito.
g) O presidente da República prometeu uma revolução social à classe pobre; assim, seu governo tem de ampliar mais ainda os programas assistencialistas. / O presidente da República prometeu uma revolução social à classe pobre; seu governo, assim, tem de ampliar mais ainda os programas assistencialistas.
h) Cada vez mais, os jovens se preocupam com a preservação do ambiente; portanto, a natureza agradece o cuidado e o carinho. / Cada vez mais, os jovens se preocupam com a preservação do ambiente; a natureza, portanto, agradece o cuidado e o carinho.

7.

a) (4) O doutor Cláudio informa que, por motivo de saúde, deixa, por prazo indeterminado, a clínica.
b) (3) Polícia ocupa Cidade de Deus, e 13 escolas, por precaução, suspendem aulas.
c) (4) Mas, enquanto estiver sentada no laboratório da Ferrari, a inglesa, cercada por homens, está cheia de cartaz.
d) (2) No horário marcado, os investigadores armaram a campana, porém os sequestradores não apareceram.
e) (2) Se estiver traindo, a gente pega, disse o detetive particular.
f) (4) Siderúrgica lucra R$1,42 bilhão no Rio de Janeiro, mas, a partir do próximo mês, devido à crise internacional, vai reduzir a produção.
g) (2) Mas, se o candidato do PSDB ao governo do estado de São Paulo for o (Geraldo) Alckmin, vamos ter que conversar.
h) (5) Para participar do governo, o PCdoB, que ajudou na eleição do prefeito, espera receber um sinal para, então, iniciar uma conversa.

8.

a) E, se James Bond se transforma em "Quantun of solace", o surfista campeão faz o mesmo quando entra na água.
b) O árbitro tenta argumentar com os jogadores do Botafogo, e o rubro-negro de camisa 7 observa a reação dos adversários.
c) Na chegada da polícia, o helicóptero Águia, da Polícia Civil, foi atingido por dois tiros.
d) O grupo vai tocar em horário nobre (21h), e não por menos valor.
e) Todos gostaram, menos o pessoal do marketing em Paris, que, diante da queda de vendas da marca, defende a criação de um nome francês.
f) Em vez chutar a bola, o atacante chuta a bandeirinha de córner, e bota a bandeirinha no chão!
g) O Fluminense vencia o Figueirense por 1 a 0, mas o jogo foi adiado, por falta de luz, para a quarta-feira seguinte.
h) Às vezes, até no transporte você precisa de alguma forma mais articulada do que técnica, por causa dos desafios ali existentes.

Teste seus conhecimentos

1. B - O Acordo Ortográfico, em seu documento de 1990, tratava de uma unanimidade, mas, depois de algum tempo, isso foi substituído por maioria simples.

2. A - Combinando as frases:

   1. A estudante que nasceu em Minas parece boa aluna.
   2. A estudante, que nasceu em Minas, parece boa aluna.

   Pode-se concluir que:

   (1) Há referência a mais de uma estudante.

   (1) As outras estudantes não nasceram em Minas.

   (2) Trata-se de apenas uma estudante.

   (2) Existe uma estudante, e ela é mineira.

   (nenhuma das duas) Refere-se a mais de uma mineira.

3. C - "O piloto italiano entrava (verbo entravar = obstruir, atrapalhar), no box de Interlagos, o piloto brasileiro."

Pontuação: do ponto aos parênteses

1.

a) V. S.ª é um político medíocre.
b) Tudo parece bem encaminhado neste aspecto. Por outro lado, acho que já é tarde...
c) Há alguma cidade mais bela do que o Rio de Janeiro? Claro que não.
d) Disse o mestre: "Eu sou a vida."
e) Na linguagem escrita, o importante é a ortografia; na falada; vale a prosódia.
f) Vários são os autores estudados: Machado, Alencar, Drummond e Vinicius.
g) Estes conceitos edificam, aqueles destroem; os primeiros sobem pelo degrau da fama, enquanto os últimos descem sem parar.
h) Somos muito pequenos. A eternidade, com certeza, é muito maior; por isso, devem-se relevar as falhas de sinceridade, os erros de comportamento, os esquecimentos etc. Assim, precisamos perdoar uns aos outros.

2.

a) Quem fez isto?
b) Você veio cedo? Que legal!

c) Quero saber quem fez isto. (ou Quero saber: quem fez isto?)
d) Veja que belo trabalho o senhor fez! Uma porcaria!
e) Como se pode destruir tanto a natureza?
f) Oh! Que saudades que tenho!
g) Gostaria de saber como se pode destruir tanto a natureza.
h) Ó Pátria amada, idolatrada, salve! Salve!

3.

a) Meu Deus! Ela está caindo...
b) Se pudessem os pássaros falar...
c) Caraca! Que loucura!
d) "Se ele for... não sei..." (José de Alencar)
e) "Além, muito além daquela serra... nasceu Iracema... " (José de Alencar)
f) "... ao alagamento tépido da luz..." (José de Alencar)
g) "Acho que ele faltou com a verdade... Para mim, ele é um..." (Machado de Assis)
h) Maravilha! Que provão que eu fiz!

4.

a) Todo homem - diga-se de passagem - é egoísta.
b) Disse o mestre: "Amai-vos uns aos outros."
c) "Um dia (que linda manhã fazia!) ela saiu a passear". (Joaquim Manuel de Macedo)
d) O "humour" de Machado de Assis é meio cínico.
e) Uma palavra - liberdade - escraviza muita gente.
f) "Querer é poder" deve ser o nosso lema.
g) O professor elogiou a "sapientia" do aluno. Foi uma grande "curtição".
h) "Tristeza de ver toda a tarde cair como cai uma folha (no Brasil, não há outono, mas as folhas caem)." (Machado de Assis)

5.

a) Só te peço isto: que não demores a chegar ao nosso encontro. Certa
b) A raposa, que é matreira, enganou o corvo e ficou com as uvas.
c) Mal ele entrou, todos os outros alunos da turma se retiraram.
d) A cartomante da rua estreita e escura fez uma só previsão: que ele ainda seria feliz.
e) Naquela noite, pensei que não mais virias e - sem mais discutir com minha mãe - fui dormir.
f) Esta citação, que li ontem, é bem antiga: "Trabalhar para progredir".
g) Na sua vida de estudante e cidadão, não deixe de ler pelo menos dois autores, maravilhosos, excelentes: Machado de Assis e Aluísio Azevedo.
h) O velho mestre sempre aconselhou com carinho aos mais novos: lutem pela vida, e o mundo de oportunidades se abrirá para vocês.

6.

a) Embora tenha outras perguntas a fazer, o autor da questão quer indagar qual é a estrutura correta do raciocínio.
b) O autor da questão, embora tenha outras perguntas a fazer, quer indagar qual é a estrutura correta do raciocínio.
c) Às vezes, as interpretações são estranhas, porém acabam sendo entendidas.
d) Às vezes, as interpretações são estranhas, acabam, porém, sendo entendidas.
e) Eles, na verdade, poderiam estar falando da vida, da morte, do sonho e do fim.
f) Na verdade, eles poderiam estar falando da vida, da morte, do sonho e do fim.
g) Um raciocínio é uma construção complicada nas dissertações; entretanto, é possível aprendê-lo.
h) Nas dissertações, um raciocínio é uma construção complicada; é possível, entretanto, aprendê-lo.

7.

a) Enquanto o ficcionista não é escravo da verdade, o historiador deve relatar os fatos como foram.
b) Todos, na nossa juventude, temos vontade de escrever como poeta.
c) Na sua imaginação, o poeta, em seus poemas, pode contar ou cantar aos seus leitores coisas diferentes e imaginosas.
d) Diz o poeta, apesar de parecer mentira, que escreveu um conto azul, vários até.
e) Apesar de ser uma boa caminhada, as jovens, porque a noite estava bem clara, vinham a pé para casa.
f) Cansados, os quatro amigos, assim que apareceu uma oportunidade, viram que não adiantava, pois já era tarde.
g) O carro do piloto brasileiro teria ultrapassado seu concorrente naquela corrida de Mônaco, se houvesse mais duas voltas.
h) E perguntaram, sem motivos aparentes, se a reclamação era motivada ou meio louca aos convidados.

8.

a) "O amor não se obriga: rebenta espontâneo no coração."
b) "Os espíritos mesquinhos são conquistados com favores; os espíritos generosos, com afeto."
c) "Conta um velho manuscrito beneditino que o Diabo, em certo dia, teve a ideia de fundar uma igreja. Acreditas?"
d) "Tudo, tudo, tem sua lógica... o riso, a dor, a alegria e a tristeza..."
e) "O tambor faz muito barulho, mas é vazio por dentro,"
f) "A primeira regra do jogo, sem dúvida, é respeitar o adversário, qualquer que seja ele."
g) "Jorge Amado, o escritor baiano, e Osman Lins, natural de Pernambuco, são escritores brasileiros; mas Camilo Castelo Branco é português.
h) "Fez tudo conforme o que fora acertado, isto é; aprontou-se às seis horas, saiu às seis e trinta, e chegou ao local devido pouco antes das sete."

Teste seus conhecimentos

1. B - "O pessoal da Alfândega (tudo malandro velho) começou a desconfiar da velhinha..."

2. D - na primeira, todas as canetas devem ser descartadas - não é verdade, pois, na primeira, há canetas boas e ruins.

3. E - Aos dirigentes de nosso futebol, cabe-lhes preparar uma seleção competitiva.

Atualização Gramatical

Concordância verbal (parte 1)

Regra básica: o verbo concorda com o sujeito em pessoa e número.

Caso 1 – Com sujeito simples posposto

A posição natural do sujeito é antes do verbo, mas a concordância é obrigatória mesmo quando o sujeito aparece depois do verbo:

"*Compareceram* à reunião <u>todos os diretores</u>".

"Ainda *faltam* <u>dois exercícios</u>".

"Para não ser rebaixado, *são necessários* no mínimo <u>40 pontos</u>".

Caso 2 – Com sujeito oracional

Quando o sujeito é formado por uma oração (= frase com verbo), a concordância se faz no singular:

"Ainda *falta* <u>resolver dois exercícios</u>".

"Para não ser rebaixado, *é necessário* no mínimo <u>chegar a 40 pontos</u>".

1. Assinale a opção que completa corretamente a lacuna das frases abaixo:

a) ______________________ (Aconteceu ou aconteceram) vários acidentes nesta esquina.

b) ______________________ (Surgiu ou surgiram), na reunião de ontem, duas soluções para o caso.

c) ______________________ (Está faltando ou estão faltando) cinco minutos para acabar o jogo.

d) Para este tipo de conserto, ______________________ (basta ou bastam) R$200,00.

e) Na fatura, ______________________ (consta ou constam) sete produtos.

f) ______________________ (Segue anexo ou seguem anexos) os arquivos que você solicitou.

g) ______________________ (É necessário ou são necessários) dois novos atacantes.

h) ______________________ (É necessário ou são necessários) contratar dois atacantes.

i) ______________________ (Basta ou bastam) convocar os acusados.

j) ______________________ (Está faltando ou estão faltando) assinar quatro documentos.

Caso 3 – Com sujeito simples anteposto

O verbo concorda obrigatoriamente com o núcleo do sujeito (quando houver a preposição "de", em geral, o núcleo do sujeito será o substantivo ou o pronome que fica antes da preposição):

"<u>O *presidente* das organizações Delta</u> *viajou* a Brasília".

"<u>Os *atacantes* do Brasil</u> *treinaram* em separado".
"<u>*Nenhum* dos atacantes</u> *treinou* ontem".

2. Complete as lacunas das frases a seguir com a forma verbal correta:

a) O valor dos apartamentos ______________________ (subiu ou subiram) 5% no ano passado.
b) O número de erros ______________________ (diminuiu ou diminuíram) muito.
c) A quantidade de produtos ______________________ (é suficiente ou são suficientes).
d) Um de nós dois ______________________ (deve ou devemos ou devem) viajar a São Paulo na próxima semana.
e) Um deles ______________________ (vai ou vão) ter de morar na Inglaterra.
f) Nenhum dos candidatos ______________________ (desistiu ou desistiram).
g) Qual de nós ______________________ (fará ou faremos) o trabalho?
h) Quem dentre eles ______________________ (assinará ou assinarão) o contrato?
i) Um de nós ______________________ (leu ou lemos) o livro.
j) Muitos de nós ______________________ (leram ou lemos) o livro.

Observação:

Na frase j, também seria correta a concordância na primeira pessoa do plural:

1.ª) "Muitos de nós *lemos* o livro". Seria um caso de concordância atrativa/ideológica: subentende-se que o falante tenha lido o livro (muitos inclusive "eu").

2.ª) Em "Muitos de nós *leram* o livro", "eu" posso ter lido ou não o livro.

Caso 4 – Com partitivos (parte, maioria, metade...)

Rigorosamente o verbo deve concordar no singular:
"Grande <u>parte</u> dos alunos já *saiu*".
"A <u>maioria</u> dos problemas ainda não *foi resolvida*".
"<u>Metade</u> dos convocados já *está* em Teresópolis".
A concordância (atrativa) no plural com o especificador é aceitável:
"Grande parte dos <u>alunos</u> já *saíram*".
"A maioria dos <u>problemas</u> ainda não *foram resolvidos*".
"Metade dos <u>convocados</u> já *estão* em Teresópolis".

Caso 5 – Com coletivos (grupo, bando, manada...)

Rigorosamente o verbo deve concordar no singular:
"Um <u>bando</u> de aves *pousou* no fio".
"Uma <u>manada</u> de búfalos *surgiu* ao longe".

A concordância (atrativa) no plural com o especificador é aceitável:

"Um bando de aves *pousaram* no fio".

"Uma manada de búfalos *surgiram* ao longe".

Caso 6 – Com cerca de, perto de, por volta de, em torno de...

O verbo concordará obrigatoriamente com o núcleo plural:

"Cerca de duzentas pessoas *compareceram* à festa".

"Por volta de quinhentas crianças já *foram vacinadas*".

3. Assinale a opção que completa corretamente a lacuna das frases abaixo:

a) A maioria dos inscritos ________________ (compareceu ou compareceram) à prova.
b) Boa parte dos torcedores já ________________ (está ou estão) no estádio.
c) Quase a metade dos convocados já ________________ (chegou ou chegaram) a Teresópolis.
d) A maioria dos senadores ________________ (ficou revoltada ou ficaram revoltados).
e) Dos entrevistados, a maioria ________________ (negou ou negaram).
f) Grande parte dos problemas já ________________ (está resolvida ou estão resolvidos).
g) Mais da metade dos alunos ________________ (foi reprovada ou foram reprovados).
h) Um bando de marginais ________________ (fugiu ou fugiram) ontem à noite.
i) O bando já ________________ (está preso ou estão presos).
j) Um grupo de empresários ________________ (viajou ou viajaram) com o Presidente.
k) Uma manada de bois ________________ (foi vendida ou foram vendidos).
l) Uma série de casos ainda não ________________ (foi resolvida ou foram resolvidos).
m) Cerca de dez mil pessoas ________________ (estava ou estavam) na Cinelândia.
n) Por volta de cem empregados ________________ (foi demitida ou foram demitidos).
o) Mais de R$2 bilhões ________________ (está ou estão) à disposição.

Caso 7 – Com os pronomes que e quem

Com o pronome relativo *que*, o verbo concorda com o antecedente:

"Fui eu que *fiz* o trabalho".

"Fomos nós que *fizemos* o trabalho".

Com o pronome *quem*, embora alguns autores aceitem a concordância com o antecedente, o mais recomendável é que a concordância seja feita na terceira pessoa do singular:

"Fui eu quem *fez* o trabalho".

"Fomos nós quem *fez* o trabalho".

"Quem *fez* o trabalho fomos nós".

Com *um dos...que*, embora alguns autores aceitem a concordância no singular, o mais recomendável é que a concordância seja feita no plural:

"Ele é um dos que *fizeram* o trabalho".

"Ela é uma das atrizes que *foram premiadas* no festival de Gramado".

4. Assinale a opção que completa corretamente a lacuna das frases abaixo:

a) Fui eu que ________________ (assinei ou assinou) o contrato.
b) Fui eu quem ________________ (assinei ou assinou) o contrato.
c) Quem ________________ (assinou ou assinei) o contrato fui eu.
d) Fomos nós que ________________ (assinou ou assinamos ou assinaram) o contrato.
e) Fomos nós quem ________________ (assinou ou assinamos) o contrato.
f) Ele é um dos advogados que ________________ (assinou ou assinaram) o contrato.
g) Convidaram uma das atrizes que ________________ (trabalha ou trabalham) nesta peça teatral.
h) Ela é uma das que ________________ (testemunhou ou testemunharam) o fato.
i) Ele é um dos que ________________ (viajou ou viajaram) para a China.
j) Um dos jogadores que ________________ (foi convocado ou foram convocados) ainda não ________________ (chegou ou chegaram) ao Rio de Janeiro.
k) A maioria dos deputados que ________________ (foi eleita ou foram eleitos) neste ano já ________________ (está ou estão) em Brasília.
l) O grupo de turistas que ________________ (chegou ou chegaram) ontem ________________ (é formado ou são formados) por franceses.

Caso 8 – Com frações

Rigorosamente o verbo deve concordar com o numerador:

"Um quinto *foi entregue* ao rei".

"Três quintos *foram entregues* ao rei".

A concordância atrativa com o especificador é aceitável:

"Um quinto das nossas riquezas *foi entregue* (ou *foram entregues*) ao rei".

"Três quintos da sua riqueza *foram entregues* (ou *foi entregue*) ao rei".

Caso 9 – Com milhão, bilhão, trilhão...

O verbo concorda com o núcleo:

"Um milhão *foi gasto*".

"Dois milhões *foram gastos*".

Quando houver especificador, o verbo pode concordar no singular ou preferencialmente no plural:

"Um milhão de dólares *foi gasto* (ou *foram gastos*) no projeto".

Caso 10 – Com percentagens

O verbo concorda com a percentagem:

"Somente 1% não *compareceu* à prova".

"Somente 2% não *compareceram* à prova".

Quando houver especificador, o verbo pode concordar com a percentagem ou preferencialmente com o especificador:

"Somente 1% dos alunos não *compareceu* (ou *compareceram*) à prova".

"Somente 2% da turma não *compareceram* (ou *compareceu*) à prova".

Se a percentagem estiver determinada, o verbo deverá concordar obrigatoriamente com a percentagem:

"Estes 10% da turma *foram reprovados*".

"Os restantes 90% da turma *foram aprovados* com louvor".

5. Assinale a opção que completa corretamente a lacuna das frases abaixo:

a) Um terço não ________________ (compareceu ou compareceram) à reunião.
b) Dois terços ________________ (compareceu ou compareceram) à reunião.
c) Um quinto da turma ________________ (faltou ou faltaram) às provas.
d) Dois quintos dos alunos ________________ (foi aprovado ou foram aprovados).
e) Um quarto dos problemas já ________________ (está resolvido ou estão resolvidos).
f) Dos nossos problemas, um quarto já ________________ (está resolvido ou estão resolvidos).
g) Dois terços da frota não ________________ (está ou estão) circulando.
h) Da frota, dois terços não ________________ (está ou estão) circulando.
i) Da nossa frota de ônibus, somente um terço ________________ (está ou estão) circulando.
j) Um milhão de crianças ________________ (vive ou vivem) na miséria.
k) Um bilhão de reais já ________________ (foi gasto ou foram gastos) para resolver o problema.
l) Para enfrentar esse problema, um milhão já ________________ (foi gasto ou foram gastos).
m) Meio milhão de crianças ________________ (foi vacinado ou foram vacinadas) neste domingo.
n) Mais de um milhão de doses de vacina ________________ (será retirado ou serão retiradas) do mercado.

o) Neste ano, já ________________ (foi vendido ou foram vendidos) um milhão de carros populares.
p) ________________ (Foi gasto ou foram gastos) R$ 1,5 milhão (um milhão e quinhentos mil reais).
q) Somente 1% ________________ (será descontado ou serão descontados).
r) Somente 2% ________________ (será descontado ou serão descontados).
s) ________________ (Será descontado ou serão descontados) 10%.
t) Somente 1,5% do povo brasileiro ________________ (é ou são) contra o horário de verão.
u) 15% dos brasileiros não ________________ (decidiu ou decidiram) o seu voto.
v) 15% do povo brasileiro não ________________ (decidiu ou decidiram) o seu voto.
w) Apenas 1% dos brasileiros ainda não ________________ (votou ou votaram).
x) Apenas 1% das crianças brasileiras não ________________ (foi vacinado ou foram vacinadas).
y) Apenas 5% da população carioca ________________ (votou ou votaram) nele.
z) O certo é que 12% do imposto ________________ (vai ou vão) para os municípios.
aa) Dizem que 20% da mata já ________________ (está destruída ou estão destruídos).
ab) Neste vilarejo, 30% das mulheres estão ________________ (grávidos ou grávidas).
ac) Já ________________ (foi chamado ou foram chamados) 80% do eleitorado.
ad) Os demais 40% da população argentina ________________ (é ou são) a favor da nova proposta.
ae) Os restantes 10% do eleitorado ainda não ________________ (compareceu ou compareceram) às urnas.

Caso 11 – Com pronomes de tratamento,o verbo concorda na terceira pessoa

"Vossa Senhoria já *pode assinar* o contrato".

"Vossa Majestade já *decidiu* o que vai fazer neste caso?".

6. Assinale a opção que completa corretamente a lacuna das frases abaixo:

a) Vossa Excelência ________________ (deve ou deveis) comparecer à cerimônia.
b) Vossas Excelências ________________ (deveis ou devem) comparecer à cerimônia.
c) Sua Excelência ________________ (deve ou deveis) comparecer à cerimônia.

Caso 12 – Com a partícula apassivadora SE, o verbo concorda com o sujeito passivo:

"*Aluga-se* este apartamento".

"*Alugam-se* apartamentos".

"Ainda não *se descobriu* a causa da sua morte".

"Ainda não *se descobriram* os motivos de sua decisão".

Caso 13 – Com partícula de indeterminação do sujeito SE, o verbo fica obrigatoriamente no singular

"*Precisa-se* de operários".

"Não *se deve confiar* em estranhos".

"Aqui *se vive* com mais segurança".

7. Assinale a opção que completa corretamente a lacuna das frases abaixo:

a) ________________ (Conserta-se ou consertam-se) eletrodomésticos.
b) ________________ (Procura-se ou procuram-se) os culpados.
c) O governo é favorável a que se ________________ (taxe ou taxem) as propriedades improdutivas.
d) Ainda não se ________________ (fez ou fizeram) os estudos solicitados.
e) Ainda não se ________________ (atingiu ou atingiram) as metas estabelecidas pelo governo.
f) Numa final não se ________________ (admite ou admitem) erros desse tipo.
g) ________________ (Devem-se ou deve-se) evitar discussões inúteis.
h) ________________ (Há ou hão) de se conquistar vários títulos.
i) ________________ (Aluga-se ou alugam-se) quarto para homens solteiros.
j) ________________ (Precisa-se ou precisam-se) de atendentes.
k) Não se ________________ (necessita ou necessitam) mais de todos esses documentos.
l) Não se ________________ (pode ou podem) acreditar em tantas mentiras.
m) ________________ (Deve-se ou devem-se) aspirar a cargos mais altos.
n) Nestas terras se ________________ (morre ou morrem) de frio e de fome.
o) Nas cidades do sul se ________________ (vive ou vivem) melhor.

Caso 14 – Com verbos que expressam fenômenos da natureza, a concordância deve ser feita no singular. O plural só será possível se o verbo for usado no sentido figurado

"*Chovia* sempre aos sábados".

"Durante as reuniões, *choviam* palavrões".

"*Geou* durante sete dias".

"Os moradores *trovejavam* contra o prefeito".

8. Assinale a opção que completa corretamente a lacuna das frases abaixo:

a) ________________ (Choveu ou choveram) durante três dias e três noites.
b) ________________ (Ventava ou ventavam) todos os dias.
c) Aqui ________________ (faz ou fazem) invernos rigorosíssimos.
d) ________________ (Choveu ou choveram) pedras sobre o assaltante.
e) Seus olhos ________________ (relampejava ou relampejavam) de raiva.

Concordância verbal (parte 2)

Caso 15 – Com sujeito composto

O verbo concorda no plural.

"O vizinho e a irmã *foram* à praia".

A primeira pessoa predomina sobre as demais (eu e tu = nós / eu e ele = nós):

"Eu e minha irmã *fomos* à praia".

Com sujeito composto posposto, a concordância atrativa é aceitável:

"*Fomos* ou *fui* eu e minha irmã".

1. Assinale a opção que completa corretamente a lacuna das frases abaixo:

a) Gradativamente, a pornografia e a permissividade ______________ (foi ou foram) aumentando na nossa cidade.
b) Não nos ______________ (falta ou faltam) dedicação e força.
c) Não ______________ (importa ou importam) neste caso a porcentagem exata e o método adotado.
d) O presidente do Uruguai e sua comitiva já ______________ (chegou ou chegaram).
e) O presidente do Uruguai com sua comitiva já ______________ (chegou ou chegaram).
f) O presidente do Uruguai, com sua comitiva, já ______________ (chegou ou chegaram).
g) Tanto o aluno quanto o professor ______________ (foi suspenso ou foram suspensos).
h) Não só o aluno mas também o professor ______________ (foi suspenso ou foram suspensos).
i) O professor, assim como o aluno, ______________ (foi suspenso ou foram suspensos).
j) Nem o aluno nem o professor ______________ (foi suspenso ou foram suspensos).
k) Eu e os auditores ______________ (assinei ou assinou ou assinamos) o relatório.
l) Eu, com minha equipe, ______________ (viajei ou viajou ou viajamos) para Brasília.
m) Eu com minha equipe ______________ (viajei ou viajou ou viajamos) para Brasília.
n) Tu e a tua equipe ______________ (tendes ou têm) de viajar.
o) Você e a sua equipe ______________ (tem ou tendes ou têm) de viajar amanhã.

Caso 16 – Com a conjunção ou se houver ideia de exclusão, o verbo concorda com o mais próximo

"Ou você ou o diretor *terá de ir* a São Paulo amanhã".

Se não houver ideia de exclusão (OU = E/OU), a concordância é facultativa:

"O gerente financeiro ou o contador *pode* ou *podem resolver* o caso".

Se houver ideia aditiva (OU = E), o verbo concorda no plural:

"Futebol ou carnaval *fazem* a alegria do brasileiro com a mesma intensidade".

2. Assinale a opção que completa corretamente as lacunas das frases a seguir:

a) Ou o diretor ou o gerente ________________ (deve ou devem) ir à reunião com o cliente.
b) Ou eu ou você ________________ (terá ou terei ou teremos ou terão) de ir a São Paulo.
c) O diretor ou o gerente ________________ (pode ou podem) assinar este documento.
d) Dinheiro ou cheque ________________ (resolve ou resolvem) o problema dele.
e) O pintor ou o escultor ________________ (merece ou merecem) igualmente o prêmio.

Caso 17 – Com sujeito composto por infinitivos

A concordância é facultativa. A preferência é o uso do verbo no singular:

"Sorrir e balançar a cabeça não *resolve* (ou *resolvem*) seu problema".

Se os infinitivos forem antônimos, o verbo concorda no plural:

"Rir e chorar *fazem* parte da vida".

Se os verbos estiverem substantivados, o plural é obrigatório:

"O entrar e o sair da sala *atrapalharam* muito o palestrante".

3. Assinale a opção que completa corretamente as lacunas da frase abaixo:

a) Nadar e correr ________________ (faz ou fazem) bem à saúde.
b) Fumar e beber ________________ (faz ou fazem) mal à saúde.
c) Beber e dirigir ________________ (é ou são) suicídio.
d) Subir e descer o morro ________________ (faz ou fazem) parte do seu cotidiano.
e) O olhar e o caminhar ________________ (marca ou marcam) sua personalidade.

Caso 18 – Com o verbo haver

O verbo *haver*, no sentido de "existir" ou de "acontecer", é impessoal (= sem sujeito). Deve ser usado sempre no singular:

"*Há* muitas pessoas na reunião".

"Sempre *houve* muitos acidentes nesta esquina".

4. Assinale a opção que completa corretamente as lacunas das frases abaixo:

a) ________________ (Existia ou existiam) muitos problemas para resolver.
b) ________________ (Havia ou haviam) muitos problemas para resolver.
c) ________________ (Deve ou devem) existir dúvidas.
d) ________________ (Deve ou devem) haver dúvidas.
e) ________________ (Aconteceu ou aconteceram) alguns incidentes.
f) ________________ (Houve ou houveram) alguns incidentes.
g) No próximo concurso, ________________ (haverá ou haverão) muitos inscritos.
h) No próximo concurso, ________________ (vai ou vão) haver muitos inscritos.
i) Ninguém acreditava que ________________ (houvesse ou houvessem) tantos inscritos.
j) Ninguém acreditava que ________________ (pudesse ou pudessem) haver tantos inscritos.
k) Ninguém acreditava que ________________ (houvesse ou houvessem) ocorrido tantos acidentes.
l) Ele não imaginava que ________________ (tivesse ou tivessem) existido tantas dúvidas.
m) Eles disseram que ________________ (havia ou haviam) feito o possível.
n) A verdade é que não ________________ (há ou hão ou existe ou existem) mais dúvidas a respeito do caso.
o) O fato é que ________________ (houve ou houveram ou aconteceu ou aconteceram) dois acidentes.

Caso 19 – Com os verbos haver e fazer (= tempo decorrido)

Os verbos *haver* e *fazer*, quando se referem a tempo decorrido, são impessoais (sem sujeito). Devem ser usados sempre no singular.

5. Assinale a opção que completa corretamente as lacunas das frases abaixo:

a) Só nos veremos daqui ________________ (a ou há) duas semanas.
b) Não nos vemos ________________ (a ou há ou hão) duas semanas.
c) Não nos vemos ________________ (faz ou fazem) duas semanas.
d) Não nos víamos ________________ (há ou havia ou haviam) duas semanas.
e) ________________ (Faz ou fazia ou faziam) duas semanas que não nos víamos.
f) Já ________________ (deve ou devem) haver duas horas que ela saiu.
g) ________________ (Vai ou vão) fazer duas horas que ela saiu.
h) ________________ (Está ou estão) fazendo dez anos que ele morreu.
i) O Flamengo não vence o São Paulo ________________ (há ou havia ou fazia ou faziam) três anos.
j) O Flamengo não vencia o São Paulo ________________ (há ou havia ou fazia ou faziam) três anos.

Caso 20 – Com o verbo ser (= tempo e distância)

O verbo SER, com referência a tempo e distância, concorda com a palavra seguinte:

"*É* 1h".

"*São* 2h".

6. Assinale a opção que completa corretamente as lacunas das frases abaixo:

a) ________________ (É ou são) 1h da madrugada.
b) ________________ (É ou são) 13h.
c) ________________ (É ou são) 12h30.
d) ________________ (É ou são) meio-dia e meia.
e) ________________ (É ou são) 1h50.
f) ________________ (É ou são) 10 para as 2h.
g) Quando ele chegou, ________________ (deveria ou deveriam) ser 11h.
h) Daqui a pouco, ________________ (vai ou vão) ser meia-noite.
i) Até o aeroporto, ________________ (é ou são) 25 quilômetros.
j) Até o vilarejo, ________________ (deve ou devem) ser 60 quilômetros.
k) ________________ (Será ou serão) 26 horas de espera.
l) Hoje ________________ (é ou são) 26 de junho.
m) Hoje ________________ (é ou são) dia 26 de junho.
n) Amanhã ________________ (será ou serão) 27 de junho.
o) Ontem ________________ (foi ou foram) primeiro de abril.
p) Que dia ________________ (é ou são) hoje?
q) Que horas ________________ (é ou são)?

Caso 21 – Com o verbo ser

O verbo *ser*, a princípio, pode concordar com o sujeito ou com o predicativo:

"Tudo *é* ou *são* flores".

A preferência é a concordância no plural:

"Sua maior reclamação *são* os atrasos".

O verbo *ser* concorda com o pronome pessoal:

"O professor *sou* eu".

As expressões *é pouco*, *é muito*, *é demais*, *é o que...* são invariáveis:

"Um *é* pouco, dois *é* bom e três *é* demais".

Nas frases interrogativas, o verbo *ser* concorda com o predicativo:

"Quem *eram* os candidatos?"

7. Assinale a opção que completa corretamente as lacunas das frases abaixo:

a) Tudo ________________ (é ou são) hipóteses.
b) O maior problema do Rio de Janeiro ________________ (é ou são) as chuvas de verão.
c) A prioridade do governo ________________ (é ou são) os pobres.

d) A solução para os problemas do Vasco ______________ (será ou serão) Edmundo e Romário.
e) O resultado da pesquisa ______________ (foi ou foram) números assustadores.
f) Estes dados ______________ (é ou são) parte de um relatório confidencial.
g) Estes contratos ______________ (é ou são) a última esperança da empresa.
h) O escolhido ______________ (foi ou fui) eu.
i) O responsável ______________ (vai ou vou) ser eu.
j) Os escolhidos ______________ (podem ou podemos) ser nós.
k) Ele é forte, mas não ______________ (é ou são) dois.
l) Nós não ______________ (são ou somos) vocês.
m) Dois jogos ______________ (é ou são) pouco para recuperar a forma.
n) Mil dólares ______________ (é ou são) muito por este trabalho.
o) Dez quilômetros ______________ (é ou são) demais para mim.
p) Inimigos ______________ (é ou são) o que não nos falta.
q) Dúvidas ______________ (é ou são) o que mais nós temos.
r) Eleições diretas ______________ (era ou eram) o que o povo queria.
s) Quem ______________ (é ou são) os responsáveis?
t) Que ______________ (é ou são) seis meses?
u) Quem ______________ (foi ou foram) os convocados?
v) Quem ______________ (foi ou foram) às reuniões?

Concordância nominal

Regras básicas:

1.ª) Os adjetivos, os numerais, os pronomes e os artigos concordam com o substantivo em gênero e número.

2.ª) Os advérbios, as conjunções e as preposições não se flexionam.

Caso 1 – Adjetivo ou advérbio?

1. Assinale a opção que completa corretamente a lacuna das frases abaixo:

a) Ele disse ter achado ______________ (estranho ou estranha) a decisão do superintendente.
b) A promotoria tachou de ______________ (absurdo ou absurdas) as declarações do deputado.
c) O juiz considerou ______________ (ilegal ou ilegais) as nossas pretensões.
d) A firma pediu ______________ (emprestado ou emprestada) a quantia de dez mil dólares.
e) Ele disse ter achado ______________ (falso ou falsas) as suas afirmativas.
f) O atleta recebeu R$10 milhões ______________ (líquido ou líquidos).
g) Uma pequena parte do lixo é ______________ (reaproveitado ou reaproveitada).
h) Ele ficou com parte do corpo ______________ (paralisado ou paralisada).
i) Ele está com uma camisa azul e ______________ (branco ou branca).
j) Aí está a escola com as cores verde e ______________ (branco ou branca).
k) Ela foi chamada e chegou ______________ (rápido ou rápida ou rapidamente).
l) Eles voltarão ______________ (breve ou breves ou brevemente).
m) As professoras falavam ______________ (claro ou claras ou claramente).
n) Os técnicos agiram ______________ (independente ou independentes ou independentemente) de ordens superiores.
o) A cerveja desce ______________ (redondo ou redonda).
p) Nossas vidas se tornaram ______________ (melhor ou melhores) do que antes.
q) Usaram alicerces ______________ (pior ou piores) que os anteriores.
r) Colocaram ______________ (melhor ou melhores) os alicerces.
s) Estamos aqui para ______________ (melhor ou mais bem) atender os clientes.

t) Os clientes foram ________________ (melhor ou mais bem) atendidos.
u) Neste ano, as empresas se estruturaram ________________ (melhor ou mais bem) que no ano passado.
v) Estas empresas estão ________________ (melhor ou mais bem) estruturadas.
w) Sem dúvida, ele é o jogador ________________ (melhor ou mais bem) pago.
x) Este é o relatório ________________ (melhor ou mais bem) escrito.
y) Este foi o trabalho ________________ (pior ou mais mal) feito.

Caso 2 – Um adjetivo e vários substantivos

Se houver um substantivo masculino, o adjetivo concordará no masculino plural:
"Só lia livros e revistas especializados".
Se o adjetivo estiver antes dos substantivos, deverá concordar com o mais próximo:
"Apresentou péssima forma física e desempenho".

2. Assinale a opção que completa corretamente as lacunas das frases abaixo:

a) Comprou motores e peças de transmissão ________________ (estrangeiros ou estrangeiras).
b) Dentes e barbatanas foram ________________ (analisados ou analisadas) cuidadosamente.
c) Comprou um casaco e uma camisa ________________ (brancos ou brancas ou branca).
d) Viajou para estudar economia e cinema ________________ (francês ou franceses ou francesas).
e) A língua e a literatura ________________ (inglesa ou inglesas ou ingleses) foram ________________ (os escolhidos ou as escolhidas).
f) Comeu peixe e frutas ________________ (maduros ou maduras).
g) Só comia ovos e carne ________________ (bovinos ou bovina).
h) Pediu ________________ (emprestado ou emprestados) um paletó e uma gravata.
i) Escolheu ________________ (má ou mau ou maus) hora e lugar para a reunião.
j) Fez tudo com força e empenho ________________ (extraordinário ou extraordinários).
k) Fez tudo com ________________ (extraordinário ou extraordinária ou extraordinários) força e empenho.

Caso 3 – Um substantivo e vários adjetivos

O substantivo vai para o plural ou fica no singular e o artigo deve ser repetido:
"Hastearam as bandeiras brasileira e argentina".
"Hastearam a bandeira brasileira e a argentina".

3. Assinale a opção que completa corretamente as lacunas das frases abaixo:

a) ________________ (A polícia ou As polícias) civil e militar foram chamadas.
b) ________________ (A polícia ou As polícias) civil e a militar foram chamadas.
c) ________________ (A área ou as áreas) operacional e administrativa foram reformuladas.

d) ____________________ (A área ou as áreas) operacional e a administrativa foram reformuladas.

e) ________________ (O setor ou Os setores) administrativo e financeiro foi reformulado.

f) Completou ________________ (os cursos ou o curso) superior e o básico em Ribeirão Preto.

g) Hastearam ____________________ (a bandeira ou as bandeiras) brasileira, argentina e uruguaia.

h) Quer aprender ____________________ (a língua ou as línguas) inglesa, a francesa e a espanhola.

i) Discordava ________________ (da proposta ou das propostas) sindical e patronal

j) Eram alunos de quinta e sexta ________________ (série ou séries).

k) Eram alunos da quinta e da sexta ________________ (série ou séries).

l) Fez o primeiro e o segundo ______________ (grau ou graus) na Bahia.

m) Teve queimaduras de primeiro e segundo ________________ (grau ou graus).

n) Nosso escritório fica no terceiro e no quarto ________________ (andar ou andares).

Caso 4 – Adjetivos compostos

Somente o segundo elemento se flexiona em gênero e número:

"Eram questões médico-hospitalares".

"Sempre admirou a cultura greco-latina".

4. Assinale a opção que completa corretamente as lacunas das frases abaixo:

a) Eram problemas ________________ (político-econômicos ou políticos-econômicos).

b) Eram atividades ____________________ (técnico-científicas ou técnicas-científicas).

c) Eram candidatos ________________ (democrata-cristãos ou democratas-cristãos).

d) As tropas __________________ (anglo-americanas ou anglas-americanas) invadiram o Iraque.

e) Eram questões ____________________ (luso-brasileiras ou lusas-brasileiras).

f) Tinha olhos ________________ (azul-claros ou azuis-claros).

g) Tinha cabelos ____________________ (castanho-escuros ou castanhos-escuros).

h) Eram duas camisas ________________ (rubro-negras ou rubras-negras).

i) Eram duas camisetas ____________________ (verde-amarelas ou verdes-amarelas).

Caso 5 – Cores

Adjetivos concordam:

"Eram camisas vermelhas, azuis e amarelas".

Substantivos em função de adjetivo não se flexionam:

"Eram camisas limão, gelo e violeta".

Cores compostas em que o segundo elemento é substantivo não se flexionam: "Eram camisas verde-limão, azul-céu e vermelho-sangue".

5. Assinale a opção que completa corretamente as lacunas das frases abaixo:

a) Tinha olhos ______________ (verde ou verdes).
b) Tinha cabelos ______________ (preto ou pretos).
c) Eram duas blusas ______________ (vinho ou vinhas).
d) Eram duas blusas ______________ (rosa ou rosas).
e) Eram duas camisas ______________ (laranja ou laranjas).
f) Eram duas calças ______________ (cinza ou cinzas).
g) Eram duas calças ______________ (verde-garrafa ou verdes-garrafas ou verde-garrafas).
h) Eram duas camisas ______________ (verde-bandeira ou verdes-bandeiras ou verde-bandeiras).
i) Eram duas blusas ______________ (rosa-choque ou rosas-choques ou rosa-choques).
j) Eram duas blusas ______________ (azul-piscina ou azuis-piscinas ou azul-piscinas).
k) Eram botões ______________ (amarelo-ouro ou amarelos-ouros ou amarelo-ouros).

Caso 6

Meio = metade (numeral): concorda.

Meio = mais ou menos (advérbio): não concorda.

Caso 7

Bastante = muito, suficientemente (advérbio): não concorda.

Bastante = suficiente (adjetivo): concorda.

Caso 8

Só = sozinho: concorda.

Só = somente: não concorda.

Caso 9

Mesmo = próprio: concorda.

Mesmo = até, realmente: não concorda.

Caso 10

Junto = adjetivo: concorda.

Junto a / junto de (ao lado de) = locução prepositiva: não concorda.

Caso 11

Anexo = adjetivo: concorda.

Em anexo = não concorda.

6. Complete as lacunas com a opção mais adequada:

a) É meio-dia e ______________ (meio ou meia).

b) Bebeu uma garrafa e ______________________ (meio ou meia) de cerveja.
c) Bebeu um litro e ______________________ (meio ou meia) de conhaque.
d) Respondeu tudo com ______________________ (meio ou meias) palavras.
e) Ela ficou ______________________ (meio ou meia) nervosa.
f) Ela estava ______________________ (meio ou meia) estressada.
g) São alunos ______________________ (meio ou meios) irrequietos.
h) Eles comeram ______________________ (bastante ou bastantes).
i) Os atletas saíram ______________________ (bastante ou bastantes) cansados.
j) Já temos provas ______________________ (bastante ou bastantes) para incriminar o suspeito.
k) As provas são ______________________ (bastante ou bastantes ou o bastante ou suficiente ou suficientes ou o suficiente) para incriminá-lo.
l) Nós estamos com ______________________ (bastante ou bastantes) problemas para resolver.
m) Temos ______________________ (bastante ou bastantes ou muitos) casos para analisar.
n) Os opositores ficam ______________________ (só ou sós).
o) ______________________ (Só ou Sós) os opositores saíram da sala.
p) ______________________ (Só ou Sós) vocês duas não irão à festa.
q) ______________________ (Só ou Sós), vocês duas não irão à festa, arranjem companhia.
r) Os fiscais estão trabalhando ______________________ (só ou sós) neste projeto.
s) Foi ela ______________________ (mesmo ou mesma) quem fez tal reclamação.
t) Nós ______________________ (mesmo ou mesmos) decidimos adiar a reunião.
u) ______________________ (Mesmo ou Mesmas) as professoras erram aquela questão.
v) Acusaram a professora e ela ______________________ (mesmo ou mesma) se defendeu.
w) Acusaram a professora e ______________________ (mesmo ou mesma) a filha não a defendeu.
x) Ela ofendeu a si ______________________ (mesmo ou mesma).
y) Os fortes sentimentos andam ______________________ (junto ou juntos).
z) As duas moram ______________________ (junto ou juntas).
aa) Os reservas se sentaram ______________________ (junto ou juntos) da comissão técnica.
ab) Os novos hotéis ficam ______________________(junto ou juntos) ao viaduto.
ac) A farmácia fica ______________________ (junto ou junta) à sorveteria.
ad) O presidente está preocupado com seu prestígio ______________________(junto à ou com a) torcida.
ae) O problema deverá ser resolvido ______________________ (junto à ou com a ou na ou pela) diretoria.
af) Solicitaram um empréstimo ______________________ (junto ao ou no) Banco Mundial.
ag) Segue ______________________ (anexo ou em anexo) o arquivo solicitado.
ah) Seguem ______________________ (anexo ou em anexo ou anexos) os arquivos solicitados.
ai) Estão ______________________ (anexo ou anexas) as notas fiscais.

aj) A fotocópia vai ______________ (anexo ou anexa).
ak) A nota e o troco vão ______________ (anexo ou anexos).
al) Encontramos o registro ______________ (anexo ou anexa) à certidão.
am) Encontramos a certidão ______________ (anexo ou anexa) ao registro.

Caso 12

É proibido, é permitido, é bom... só flexionam se o substantivo estiver determinado.

Caso 13

Numerais concordam.

Caso 14

Milhar, milhão, bilhão ... são substantivos masculinos.

Caso 15

Obrigado concorda com o emissor.

Caso 16

Adjetivos, mesmo reduzidos, concordam.

Caso 17

Substantivos em função de adjetivo não se flexionam.

Caso 18

Haja vista e *menos* são invariáveis.

7. Complete as lacunas das frases abaixo com a forma mais adequada:

a) É ______________ (proibido ou proibida) entrada de estranhos.
b) É ______________ (proibido ou proibida) a entrada de estranhos.
c) Não é ______________ (permitido ou permitida) a afixação de cartazes.
d) Saída a qualquer hora, nesta empresa, não é ______________ (permitido ou permitida).
e) Aqui, bebida alcoólica não é ______________ (permitido ou permitida).
f) Demissão em massa não é ______________ (bom ou boa) para o governo.
g) Minha demissão não foi ______________ (bom ou boa).
h) Esta pimenta é ______________ (ótimo ou ótima).
i) Dizem que pimenta é ______________ (ótimo ou ótima) para o coração.
j) É ______________ (necessário ou necessária) muita coragem.
k) Muita gente, nesta sala, não é ______________ (bom ou boa).
l) Recebeu ______________ (um mil ou hum mil ou mil) reais pelo serviço.
m) O capital é representado por ______________ (mil ou uma mil) ações ordinárias.
n) Eram mais de ______________ (dois ou duas) mil dúvidas.
o) Eram ______________ (dois ou duas) mil, ______________ (trezentos ou trezentas) e quarenta e cinco crianças.

p) Aí estão ________________ (os ou as) milhares de dúvidas que tenho sobre o assunto.

q) ________________ (Seus ou Suas) milhares de fãs apaixonadas foram ao aeroporto.

r) A pesquisa foi feita com vinte e ________________ (dois ou duas) mil mulheres.

s) A pesquisa foi feita com vinte e ________________ (dois ou duas) milhões de mulheres.

t) ________________ (Os ou As) milhões de fãs compraram seus CDs.

u) Gostaria de dar ________________ (um milhão e meio ou uma milhão e meia) de sugestões.

v) Ela é uma ________________ (dos ou das) dois milhões de pessoas entrevistadas.

w) Recebeu 1,2 ________________ (milhão ou milhões) de dólares.

x) Recebeu 2,1 ________________ (bilhão ou bilhões) de dólares.

y) Está fazendo zero ________________ (grau ou graus).

z) De entrada, zero ________________ (real ou reais).

aa) A médica lhe agradeceu dizendo apenas ________________ (obrigado ou obrigada).

ab) As parcelas ________________ (extra ou extras) ainda não foram pagas.

ac) Alugou vários filmes ________________ (pornô ou pornôs).

ad) Os dois novos sócios ainda não estão ________________ (quite ou quites) com as mensalidades.

ae) As modelos brigaram por dois vestidos ________________ (violeta ou violetas).

af) Faremos duas passeatas ________________ (monstro ou monstras).

ag) Foi advertido ________________ (haja visto ou haja vista) o problema criado.

ah) Foi demitido ________________ (haja vista ou haja vistos) os problemas surgidos.

ai) Foi demitido ________________ (haja vista ou hajam vistas) as faltas cometidas.

aj) Vieram ________________ (menos ou menas) pessoas que o esperado.

Flexões nominais

1.ª parte – Formação do plural

Caso 1

Terminadas em AL, EL, OL = ais, eis, ois.

Terminadas em AU, EU, OI = aus, eus, ois.

Caso 2

Terminadas em R e Z = +es.

Terminadas em S (oxítonas e monossílabas) = +es.

Terminadas em S (paroxítonas e proparoxítonas) = não se flexionam.

Terminadas em X = não se flexionam (ou +es).

Caso 3

Terminadas em ÃO = ãos (mãos) ou ães (pães) ou ões (botões).

1. Determinar o plural das palavras terminadas em AL/AU, EL/EU, OL/OI:

a) Animal ____________ canal ________________ igual __________________.
b) Degrau ____________ grau ________________ sarau __________________.
c) Pastel ______________ coquetel _____________ anel ___________________.
d) Chapéu ____________ troféu ________________ réu ____________________.
e) Farol _______________ espanhol _____________ gol ____________________.

2. Determinar o plural das palavras terminadas em R, Z, S e X:

a) Revólver ____________ açúcar ________________ mártir ________________.
b) Júnior ______________ sênior ________________ hambúrguer _____________.
c) Folder ______________ pôster ________________ contêiner _______________.
d) Avestruz ____________ gravidez _______________ blitz __________________.
e) Mês ________________ freguês ________________ convés ________________.
f) Tênis _______________ lápis __________________ ônibus ________________.
g) Vírus _______________ campus ________________ câmpus ________________.
h) Tórax _______________ xerox __________________ fax ____________________.

3. Determinar o plural das palavras terminadas em -ÃO:

a) Mamão __________________ anfitrião __________________.
b) Limão ___________________ espião ____________________.

c) Paredão ________ jogão ________.
d) Casarão ________ acordão ________.
e) Acórdão ________ bênção ________.
f) Órgão ________ órfão ________.
g) Cidadão ________ cristão ________.
h) Vão ________ não ________.
i) Alemão ________ capitão ________.
j) Escrivão ________ tabelião ________.
k) Afegão ________ sacristão ________.
l) Guardião ________ cirurgião ________.
m) Corrimão ________ verão ________.
n) Ancião ________ aldeão ________.
o) Vilão ________ ermitão ________.

Caso 4 – Plural dos diminutivos

Regras:

1.ª) -inho + s: livro + inho + s = livrinhos; casa + inha + s = casinhas.

2.ª) -zinho: papel + zinho = papeizinhos; balõezinhos; cãezinhos.

4. Qual é o plural?

a) Pastelzinho ________ anelzinho ________.
b) Casalzinho ________ igualzinha ________.
c) Farolzinho ________ azulzinho ________.
d) Chapeuzinho ________ degrauzinho ________.
e) Pãozinho ________ alemãozinho ________.
f) Alemãzinha ________ maçãzinha ________.
g) Coraçãozinho ________ limãozinho ________.
h) Grãozinho ________ irmãozinho ________.
i) Florzinha ________ barzinho ________.
j) Luzinha ________ cruzinha ________.
k) Lapisinho ________ tenisinho ________.
l) Paisinho ________ paizinho ________.

Caso 5 – Numerais substantivados, nomes das letras, nomes próprios e siglas fazem plural normalmente

5. Complete as lacunas das frases abaixo com a opção mais adequada:

a) O número do meu CPF tem dois ________ (sete ou setes).

b) Na sua matrícula, há quatro ________ (cinco ou cincos).

c) Na última prova, houve vários ________(nove ou noves) e só dois ________ (dez ou dezes).

d) Vamos pôr os pingos nos ______________ (i ou ii ou is).
e) A palavra tem dois ______________ (esse ou esses ou ss).
f) Seu sobrenome tem dois ______________ (xis ou xises ou xx).
g) Na minha turma, havia cinco ______________ (Maria ou Marias) e seis ______________ (João ou Joões).
h) O técnico escalou os dois ______________ (Cléber ou Cléberes).
i) Na festa, estavam os ______________ (Maia ou Maias), os ______________(Andrada ou Andradas) e______________ (os Sobral ou os Sobrais ou a família Sobral).
j) Os ______________ (caeté ou caetés) enfrentaram os ______________ (pataxó ou pataxós).
k) São duas ______________ (Coreia ou Coreias) e vários (Brasil ou Brasis).
l) Vi muitas ______________ (Parati ou Paratis) e dois blindados ______________ (Urutu ou Urutus).
m) Tomou dois ______________ (Melhoral ou Melhorais) e dois comprimidos de ______________ (Doril ou Doris).
n) Bebeu três ______________ (Brahma ou Brahmas) e duas garrafas de ______________ (Skol ou Skóis).
o) Os ______________ (Detran ou Detrans) decidiram suspender a fiscalização.
p) O imposto ficou em duzentas ______________ (Ufir ou Ufirs ou Ufir's).
q) Neste ano, houve muitas ______________ (CPI ou CPIs ou CPI's).
r) Os ______________ (PM ou PMs ou PM's) recolheram todos os ______________ (CD ou CDs ou CD's).

Caso 6 – Plural de palavras compostas

- Substantivo + substantivo (variáveis) = os dois vão para o plural.
- Se o segundo especifica o primeiro substantivo = os dois vão para o plural ou só o primeiro.
- Substantivo + adjetivo/numeral = os dois vão para o plural.
- Verbo + substantivo = só o substantivo vai para o plural.
- Adjetivos compostos = só o segundo vai para o plural.
- Cor + substantivo = nenhum se flexiona.
- Substantivo + preposição + substantivo = só o primeiro vai para o plural.
- Advérbio/preposição/prefixo + substantivo/adjetivo = só o segundo vai para o plural.
- Reduplicações = só o segundo elemento vai para o plural.
- Verbo + palavra invariável = nenhum se flexiona.

6. Qual é o plural?

Grupo 1 – substantivo + substantivo

a) Capitão-aviador ______________.
b) Cirurgião-dentista ______________.
c) Tenente-coronel ______________.
d) Couve-flor ______________.

e) Mico-leão ______________________________.

Grupo 2 – substantivo + substantivo (especificador)

a) Decreto-lei ______________________________.
b) Livro-caixa ______________________________.
c) Homem-bomba ______________________________.
d) Bomba-relógio ______________________________.
e) Sequestro-relâmpago ______________________________.
f) Caminhão-pipa ______________________________.
g) Jogo-treino ______________________________.
h) Salário-família ______________________________.
i) Homem-chave ______________________________.
j) Laranja-lima ______________________________.
k) Peixe-boi ______________________________.
l) Célula-tronco ______________________________.

Grupo 3 – substantivo + adjetivo ou numeral

a) Cartão-postal ______________________________.
b) Cavalo-marinho ______________________________.
c) Boia-fria ______________________________.
d) Dedo-duro ______________________________.
e) Guarda-civil ______________________________.
f) Alta-roda ______________________________.
g) Alto-forno ______________________________.
h) Longa-metragem ______________________________.
i) Obra-prima ______________________________.
j) Primeiro-ministro ______________________________.
k) Segunda-feira ______________________________.
l) Terça-feira ______________________________.

Grupo 4 – verbo + substantivo

a) Guarda-chuva ______________________________.
b) Guarda-roupa ______________________________.
c) Guarda-costas ______________________________.
d) Arranha-céu ______________________________.
e) Bate-boca ______________________________.
f) Lança-perfume ______________________________.
g) Para-choque ______________________________.
h) Porta-bandeira ______________________________.
i) Quebra-mar ______________________________.
j) Salva-vida ______________________________.

Grupo 5 – Adjetivo + adjetivo

a) Problemas ____________________ (político-econômico).

b) Atividades ______________________ (técnico-científico).
c) Candidatos ______________________ (social-democrata).
d) Questões ______________________ (luso-brasileiro).
e) Tropas ______________________ (anglo-americano).
f) Camisas ______________________ (verde-amarelo).
g) Torcedores ______________________ (rubro-negro).
h) Olhos ______________________ (azul-claro).
i) Cabelos ______________________ (castanho-escuro).

Grupo 6 – cor + substantivo

a) Camisas ______________________ (verde-bandeira).
b) Blusas ______________________ (azul-piscina).
c) Calças ______________________ (verde-oliva).
d) Camisetas ______________________ (rosa-choque).

Grupo 7 – substantivo + preposição + substantivo

a) Pé de cabra ______________________.
b) Grão de bico ______________________.
c) Pai de santo ______________________.
d) Pôr do sol ______________________.
e) João de barro ______________________.
f) Mula sem cabeça ______________________.
g) Fora da lei ______________________.

Grupo 8 – advérbio ou preposição ou prefixo (invariáveis) + adjetivo ou substantivo (variáveis)

a) Abaixo-assinado ______________________.
b) Alto-falante ______________________.
c) Todo-poderoso ______________________.
d) Contra-ataque ______________________.
e) Gol-contra ______________________.
f) Recém-nascido ______________________.
g) Vice-campeão ______________________.
h) Super-homem ______________________.
i) Sem-vergonha ______________________.
j) Sem-terra ______________________.
k) Sem-teto ______________________.

Grupo 9 – reduplicações

a) Quebra-quebra ______________________.
b) Corre-corre ______________________.
c) Reco-reco ______________________.
d) Bangue-bangue ______________________.
e) Zigue-zague ______________________.

Grupo 10 – verbo + palavra invariável

a) Topa-tudo ______________________.
b) Bota-fora ______________________.
c) Entra e sai ______________________.
d) Sobe e desce______________________.
e) Disse me disse ______________________.

2.ª parte – Gênero

Quanto ao gênero, os substantivos podem ser:
M = masculinos: o homem, o cavalo, o livro, o problema...
F = femininos: a mulher, a égua, a mesa, a libido...
2g = comum dos dois gêneros: o/a jovem, o/a artista, o/a estudante...
Sobrecomum (um gênero para dois sexos): o ídolo, a criança...
Epiceno (um gênero para dois sexos – animais): o jacaré, a cobra...

7. Masculino ou feminino? Ponha O ou A:

a) ____ coma; ____ milhar; ____ milhão.
b) ____ champanhe; ____ dó; ____ êxtase.
c) ____ guaraná; ____ somatório; ____ bilhão.
d) ____ tsunami; ____ telefonema; ____ tapa.
e) ____ alface; ____ cal; ____ dengue.
f) ____ personagem; ____ cônjuge; ____ sósia.
g) ____ diabete(s); ____ xerox; ____ chinelo.
h) ____ omelete; ____ fondue; ____ musse.
i) ____ toalete; ____ mascote; ____ neném.

8. Qual é a diferença?

a) O cólera = ______________; a cólera = ______________.
b) O estepe = ______________; a estepe = ______________.
c) O grama = ______________; a grama = ______________.
d) O lotação = ______________; a lotação = ______________.
e) O moral = ______________; a moral = ______________.

9. Qual é o feminino?

a) Anfitrião – ______________.
b) Árbitro – ______________.
c) Búfalo – ______________.
d) Chefe – ______________.

e) Elefante - ____________________.
f) Embaixador - ____________________.
g) Gambá - ____________________.
h) Imperador - ____________________.
i) Poeta - ____________________.
j) Presidente - ____________________.
k) Tigre - ____________________.

10. Complete as lacunas das frases abaixo:

a) Foi até __________ caixa __________ para retirar dinheiro (a...eletrônica ou o... eletrônico).
b) Ela é __________ maior ídolo (a minha ou o meu).
c) Vieram __________ soldado Helena e __________ oficial Mariana (A ou O).
d) Paula e Fabi são __________ oposto e __________ líbero da seleção brasileira (A ou O).
e) __________ membros daquela sociedade são apenas mulheres (As ou Os).
f) Gisele é __________ maior modelo (a nossa ou o nosso).

11. Masculino ou feminino?

a) ______ Ferrari.
b) ______ Mercedes.
c) ______ Parati.
d) ______ Ford.
e) ______ Fiat.
f) ______ Maclaren.
g) ______ Internacional (de Porto Alegre).
h) ______ Internacional (de Limeira).
i) ______ Palmeiras.
j) ______ Ponte Preta.
k) ______ Fluminense.
l) ______ Cabofriense.
m) ______ Friburguense:
n) ______ Caldense.
o) ______ Matonense.
p) ______ Chapecoense.
q) ______ Sapucaiense.
r) ______ Juventus (de São Paulo).
s) ______ Juventus (da Itália).
t) ______ Internazionale.
u) ______ Roma.
v) ______ Fiorentina.
w) ______ Palermo.
x) ______ Barcelona.
y) ______ Manchester United.

Flexões verbais

Caso 1 – Uso do gerúndio

O bom gerúndio é aquele que indica “ação contínua”.

1. Substitua o gerúndio em todas as frases a seguir:

a) Vamos estar enviando os documentos solicitados até o fim desta semana.
b) Vamos estar resolvendo seu problema em poucos dias.
c) Considerando o que ficou acertado na última reunião, o contrato só será assinado daqui a dois meses.
d) Confirmando nosso contato telefônico, a reunião foi adiada para amanhã.
e) Atendendo sua solicitação, estamos enviando a minuta do contrato para análise.
f) A diretoria só vai estar podendo analisar sua proposta na próxima semana.
g) Os advogados vão estar analisando o caso durante toda esta semana.
h) O contrato contendo a assinatura dos quatro diretores já foi enviado.
i) Encontrou várias caixas contendo documentos secretos.
j) O atleta está inseguro, porque os dois clubes estão disputando seu passe na justiça.

Caso 2 – Uso do particípio

Regulares: falado, informado, vendido, partido...

Irregulares: feito, escrito, aberto, visto...

Abundantes: *ter / haver* aceitado, entregado, suspendido...

Ser / estar aceito, entregue, suspenso...

Facultativos: *ser / estar* pago, pego, gasto, ganho.

Ter / haver / ser / estar pago ou pagado, pego ou pegado, gasto ou gastado, ganho ou ganhado.

2. Complete as lacunas abaixo com o particípio mais adequado:

a) Quando foi chamado, o funcionário ainda não tinha ________________ . (chegar)
b) Quando foi solicitado, o funcionário já havia ____________________ o documento. (trazer)
c) Realmente a polícia ainda não tinha _____________________ quem dirigia o caminhão. (descobrir)
d) Ele foi repreendido, porque não tinha ____________________ à última reunião. (vir)
e) O juiz ainda não havia ____________________ no caso. (intervir)
f) Ultimamente o governo não tem ____________________ as reivindicações dos sem-terra. (aceitar)
g) As reivindicações não serão ____________________. (aceitar)

h) As reivindicações ainda não tinham sido ____________. (aceitar)
i) Quando foi solicitado, ele já havia ____________ o contrato. (imprimir)
j) O contrato só será ____________ amanhã. (imprimir)
k) Os candidatos tinham ____________ os currículos. (entregar)
l) O diretor havia ____________ os alunos envolvidos no caso. (suspender)
m) Acredita-se que a polícia já teria ____________ os suspeitos. (prender)
n) Os currículos deveriam ser ____________ até hoje. (entregar)
o) Os alunos foram ____________ por dois dias. (suspender)
p) Os suspeitos já teriam sido ____________. (prender)
q) As contas ainda não foram ____________. (pagar)
r) Ele foi ____________ em flagrante. (pegar)
s) O jogo só foi ____________ graças à belíssima atuação de Ronaldinho. (ganhar)
t) O dinheiro será ____________ em novas contratações. (gastar)
u) Ele pensou que não tinha ____________ a conta. (pagar)
v) Ele já havia ____________ todos os documentos solicitados. (pegar)
w) O Flamengo tinha ____________ os dois últimos jogos no Maracanã. (ganhar)
x) A diretoria já teria ____________ todo o dinheiro. (gastar)

Caso 3 – Uso do infinitivo

Eles *devem assinar* o contrato hoje.
Eles foram chamados para *assinar* (*em*) o contrato hoje.
O diretor deu uma ordem para eles *assinarem* o contrato hoje.
Eles foram proibidos de *assinar* o contrato hoje.
O diretor mandou os advogados *assinarem* o contrato hoje.
O diretor mandou-os *assinar* o contrato hoje.
O diretor mandou *assinar* o contrato hoje.

3. Complete as lacunas das frases abaixo com a forma do infinitivo mais adequada:

- Em locuções verbais:
  a) Os convocados vão todos ____________ (viajar ou viajarem) hoje à noite.
  b) Podem os atores indicados ____________ (sentar-se ou sentarem-se) na primeira fila.
  c) O original será arquivado, devendo todas as cópias ____________ (ser ou serem) destruídas.
  d) Casos como este deveriam, sempre que possível, ____________ (ser ou serem) resolvidos internamente.

- Em duas orações com o mesmo sujeito:
  a) Os advogados foram chamados para ____________ (resolver ou resolverem) o problema.

b) Os empresários estão aqui para ______________ (assinar ou assinarem) o contrato.
c) Nós fomos convocados para ______________ (analisar ou analisarmos) o caso.
d) Eles foram proibidos de ______________ de casa. (sair ou saírem)
e) Eles foram obrigados a ______________ em casa. (ficar ou ficarem)
f) As secretárias remeteram as cartas sem ______________ (anexar ou anexarem) os gráficos.
g) Para ______________ (tratar ou tratarem) do assunto, os empresários foram a Brasília.
h) Ao ______________ (chegar ou chegarmos), encontraremos as portas fechadas.
i) Eles correram muito para ______________ (ser ou serem) os primeiros.
j) Os trabalhos são dignos de ______________ (ser ou serem) publicados.
k) O juiz chamou os dois para ______________ (se reconciliar ou se reconciliarem).
l) Autor e réu tinham vontade de ______________ (se agredir ou se agredirem)

- Em duas orações com sujeitos diferentes:
  a) Ele fez o possível para os sindicalistas ______________ (aceitar ou aceitarem) a proposta.
  b) O diretor deu a ordem para os advogados ______________ (assinar ou assinarem) o contrato.
  c) O chefe disse para nós ______________ (chegar ou chegarmos) mais cedo.
  d) Tomou tal decisão para os dois atacantes não se ______________ (envolver ou envolverem) na discussão.
  e) Presidente libera seus ministros para ______________ (subir ou subirem) em palanque.

- Quando a oração reduzida de infinitivo exerce a função de complemento:
  a) O empresário convenceu os jogadores a ______________ (aceitar ou aceitarem) a proposta do Santos.
  b) A burocracia da empresa impediu os fornecedores de ______________ (entrar ou entrarem) na hora marcada.
  c) Nós proibimos os atrasados de ______________ (ocupar ou ocuparem) seus lugares.
  d) Eles não estavam dispostos a ______________ (desistir ou desistirem) tão facilmente.

- Com verbos causativos (mandar, deixar, fazer, ver, ouvir...):
  a) Mandou todos os convidados ______________ (entrar ou entrarem).
  b) Mandou ______________ (entrar ou entrarem) todos os convidados.

c) Mandou-os __________ (entrar ou entrarem).
d) Não deixavam os filhos __________ (dirigir ou dirigirem) sem habilitação.
e) Não os deixavam __________ (dirigir ou dirigirem) sem habilitação.
f) Deixai __________ (vir ou virem) a mim as criancinhas.
g) Deixai as criancinhas __________ (vir ou virem) a mim.
h) Ouvi todas as candidatas __________ (cantar ou cantarem).
i) Ele não as ouviu __________ (cantar ou cantarem).

4. Complete com a forma do infinitivo mais adequada:

a) É preciso __________ (analisar ou analisarmos ou analisarem) melhor o caso.
b) É preciso vocês __________ (analisar ou analisarem) melhor o caso.
c) Para vocês, é preciso __________ (analisar ou analisarem) melhor o caso.
d) Vamos sair logo, para __________ (ver ou vermos) o sol.
e) Vamos sair logo, para nós __________ (ver ou vermos) o sol.
f) Vamos sair logo, para nos __________ (ver ou vermos) melhor.

Caso 4 – Uso do imperativo

- Imperativo afirmativo:

  - *Tu e vós* (2.ª pessoa < presente do indicativo sem "s"):
    Falas - fala (tu); falais - falai (vós).
    Vendes - vende; vendeis - vendei.
    Pões - põe; pondes - ponde.
    Vens - vem; vindes - vinde.
    Fazes - faz(e); fazeis - fazei.
    Exceções: sê (tu); sede (vós).

  - *Você e vocês* (3.ª pessoa < presente do subjuntivo):
    Que você fale - fale (você); que vocês falem - falem (vocês).
    Que você venda - venda (você).
    Que você ponha - ponha (você).
    Que você venha - venha (você).
    Que você faça - faça (você).
    Que você seja - seja (você).

- Imperativo negativo (todas as pessoas vêm do presente subjuntivo):
  Que tu fales - não fales (tu); que vós faleis - não faleis (vós).
  Que você fale - não fale (você). Que vocês falem - não falem (vocês).
  Que você venda - não venda (você).
  Que você ponha - não ponha.
  Que você venha - não venha.
  Que você faça - não faça.
  Que você seja - não seja.

5. Complete as lacunas das frases abaixo com a forma do imperativo mais adequada:

a) ________ (Cala ou Cale) a tua boca.
b) ________ (Cala ou Cale) a sua boca.
c) ________ (Calai ou Calem) a vossa boca.
d) Não ________ (cala ou cale ou cales) a tua boca.
e) Não ________ (cala ou cale) a sua boca.
f) Não ________ (calai ou caleis ou calem) a vossa boca.
g) Se tu quiseres, ________ (faz ou faze ou faça) todo o trabalho.
h) Se tu não quiseres, não ________ (faz ou faças ou faça) o trabalho.
i) ________ (Fazei ou Façam) o que vos manda o coração.
j) Não ________ (fazei ou façais) o que vos manda o coração.
k) Se você quiser, ________ (faz ou faça) todo o trabalho.
l) Se não quiser, não ________ (faz ou faça) o trabalho.
m) Ele te disse: ________ (sê ou seja) mais feliz.
n) Ele te disse: não ________ (sê ou sejas ou seja) infeliz.
o) Ele lhe disse: ________ (sê ou seja) mais feliz.
p) Ele lhe disse: não ________ (sê ou seja) infeliz.
q) ________ (Vem ou Venha ou Vinde) até aqui e ________ (perdoa ou perdoe ou perdoai) aos vossos inimigos.

6. Complete as lacunas das frases abaixo com a forma do imperativo mais adequada:

a) Por favor, ____________ à minha sala, preciso falar com você. (vir)
b) ____________ para nós. Participe do nosso programa. (ligar)
c) __________________ agora os documentos que lhe pedimos hoje pela manhã. (enviar)
d) ____________ a sua boca e ____________ quieto. (calar e ficar)
e) ____________ até o guichê 5 para receber a sua ficha de inscrição. (ir)
f) ____________ a sua casa e ____________ o dinheiro num fundo de ações. (vender e pôr)
g) __________________ o seu trabalho e __________________ os resultados. (fazer e ver)
h) Vossa Excelência está muito nervoso. ____________ calma. (ter)
i) Só me resta lhe dizer uma coisa: ____________ feliz. (ser)
j) Acho que você não tem opção. ______________ o documento e vamos embora. (assinar)
k) Não ______________ lixo no chão. ______________ sua sala limpa. (jogar e manter)
l) Se beber, não ________________; se dirigir, não ____________. (dirigir e beber)
m) Não __________________ das ordens de seus superiores. (reclamar)
n) Nunca __________________ uma ordem sem que você a entenda completamente. (aceitar).
o) ________________ suas tristezas, jamais ________________ suas alegrias (esquecer)
p) Se alguém lhe der uma ordem, não ____________ (hesitar).
q) Não ____________ inocente. ____________ mais esperto. (ser)

Caso 5 – Tempos e modos

> Indicativo = realidade, fatos.
> Subjuntivo = hipótese, suposições, desejo.

7. Complete as frases a seguir com as formas verbais mais adequadas:

- Indicativo ou subjuntivo?
  - a) Ele quer que eu ___________ (falo ou fala ou fale) sobre o assunto.
  - b) O atacante afirmou: "O professor quer que eu ___________ (jogo ou joga ou jogue) pela direita".
  - c) Ele garantiu que ___________ (vem ou venha) à reunião.
  - d) Todos esperam que ele ___________ (vem ou venha) à reunião.
  - e) O diretor acredita que ele ___________ (vem ou venha) à reunião.
  - f) Todos acham que eles ___________ (são ou sejam) a solução dos nossos problemas.
  - g) É preciso que eles ___________ (vêm ou venham) ao encontro em Paris.
  - h) Era preciso que nós ___________ (fôssemos ou viéssemos) ao encontro em Paris.
  - i) Era preciso que eles ___________ (fossem ou viessem) ao encontro em Paris.
  - j) É preciso que nós ___________ (vamos ou venhamos) ao encontro em Paris.

- Infinitivo ou futuro do subjuntivo?
  - a) Para ___________ (fazer ou fizer) o trabalho, foram contratados novos engenheiros.
  - b) Se ___________ (fazer ou fizer) o trabalho em dois dias, os problemas estarão resolvidos.
  - c) Chegaram cerca de dez mil torcedores para ___________ (verem ou virem) a decisão.
  - d) Ficarão tristes se eles ___________ (verem ou virem) o estado em que ficou o gramado.
  - e) Serão bem tratados se eles ___________ (virem ou vierem) à reunião.
  - f) Só resolveremos o caso quando nos ___________ (vermos ou virmos) novamente.
  - g) Só quando ___________ (ver ou vir) o filme, ele poderá opinar.
  - h) Quando ___________ (rever ou revir) o lance, terá a certeza de que não foi pênalti.
  - i) Haverá problemas se ele não ___________ (intervir ou intervier) no caso.
  - j) Quando eles ___________ (reverem ou revirem) a posição tomada e ___________ (intervirem ou intervierem) naquela estrutura arcaica, a empresa voltará a crescer.
  - k) O produto será entregue para todos que ___________ (quererem ou quiserem).
  - l) Terá acesso à quadra quem ___________ (trazer ou trouxer) um quilo de alimento não-perecível.
  - m) O Vasco terá problemas se a zaga não se ___________ (impor ou impuser).

- Pretérito imperfeito do indicativo ou futuro do pretérito?
  - a) Se deixassem, ele ____________ (fazia ou faria) o relatório.
  - b) Se não chovesse, eles ____________ (iam ou iriam) ao jogo.
  - c) O diretor ____________ (devia ou deveria) comparecer ao encontro, se não houvesse tanto tumulto.
  - d) Se fosse permitido, ele ____________ (falava ou falaria) com o Papa.
  - e) Se o técnico mandasse, ele ____________ (jogava ou jogaria) pela ala direita.
  - f) Acredito que ele ____________ (era ou seria) a solução para os nossos problemas.

- Correspondência entre tempos e modos:
  - a) Teremos bons resultados, se você ____________ (ser ou for) dedicado.
  - b) Teríamos bons resultados, se você ____________ (era ou fosse) dedicado.
  - c) Preciso que você ____________ (vem ou venha) à reunião.
  - d) Era preciso que você ____________ (venha ou viesse) à reunião.
  - e) Ficaremos felizes se você ____________ (vir ou vier) à reunião.
  - f) É preciso que ele ____________ (intervém ou intervenha) no caso.
  - g) Era preciso que ele ____________ (intervisse ou interviesse) no caso.
  - h) Não terá mais sossego se ele ____________ (intervir ou intervier) no caso.
  - i) Quando o chefe solicitou, ele já ____________ (fez ou fizera ou tinha feito ou havia feito) o relatório.
  - j) Quando os advogados chegaram, o diretor já ____________ (assinou ou assinara ou tinha assinado) o contrato.
  - k) Ninguém viu o homem que ____________ (roubou ou roubara ou tinha roubado) o caminhão.

Caso 6 – Verbos derivados

Verbos derivados seguem a conjugação dos verbos primitivos:

Ater, abster, deter, manter, obter, reter = ter.

Apor, depor, dispor, expor, compor, propor = pôr.

Antever, rever, prever = ver.

Advir, convir, intervir, provir = vir.

8. Complete as lacunas com a forma verbal correta:

a) Policiais não ____________ os suspeitos. (deter – pretérito perfeito do indicativo)

b) Os feridos ____________ a calma. (manter – pretérito perfeito do indicativo)

c) Quem ____________ mais pontos será o vencedor. (obter – futuro do subjuntivo)

d) Quem se ____________ de votar deverá comparecer ao TRE. (abster – futuro do subjuntivo)

e) Era preciso que eles ____________ mais a bola. (reter – pretérito imperfeito do subjuntivo)

f) Era preciso que o Brasil ____________ o empate. (manter – pretérito imperfeito do subjuntivo)

g) Foram chamados aqueles que ainda não ____________ na CPI. (depor – pretérito perfeito do indicativo)

h) A verdade é que ainda não ________________ o samba deste ano. (compor - pretérito perfeito do indicativo)
i) Se ele ____________________ algo novo, a direção do banco certamente aprovará. (propor - futuro do subjuntivo)
j) Se o novo diretor não se ________________, será demitido em um mês. (impor - futuro do subjuntivo)
k) Era necessário que ele ________________ sua proposta com muita clareza. (expor - pretérito imperfeito do subjuntivo)
l) Espero que isto o ______________________ (satisfazer - presente do subjuntivo)
m) É bom que os dois se ____________________ (equivaler - presente do subjuntivo)
n) Eles ainda não ________________ as obras furtadas. (reaver - pretérito perfeito do indicativo)
o) Não sei o que aconteceria se ele não ______________ seus documentos. (reaver - pretérito imperfeito do subjuntivo)
p) Ele não ____________________ a chuva. (prever - pretérito perfeito do indicativo)
q) Se ele ______________________, não teria viajado. (prever - pretérito imperfeito do subjuntivo)
r) Se ele ________________ no caso, poderia resolver o problema. (intervir - pretérito imperfeito do subjuntivo)
s) Ele não __________________ no caso. (intervir - pretérito perfeito do indicativo)
t) Ele poderá ser aprovado, se a banca __________________ sua prova. (rever - futuro do subjuntivo)
u) Só serão convidados se não ________________ na briga dos dois. (intervir - futuro do subjuntivo)
v) O juiz ainda não tinha ______________________ naquele caso. (intervir - particípio)

Caso 7 – Verbos defectivos

São verbos com conjugação incompleta (sempre nos tempos do presente).

9. Substitua o verbo sublinhado ou escreva uma nova frase:

a) É necessário que os diretores *abulam* essa determinação tão antiga.
b) Foi solicitado que se *demula* este prédio.
c) Espero que ele não *estorca* ninguém.
d) A professora mandou que a aluna *colora* o desenho.
e) Quero que ele se *exploda*.
f) Isto não se *adéqua* à nossa realidade.
g) É provável que estas empresas *falem*.
h) A verdade é que o governo não *bane* tais elementos.
i) A organização ainda *computa* os votos.
j) É possível que a empresa nos *ressarça* do prejuízo.
k) É bom que eles se *precavenham*.
l) É importante que ele *reaveja* tudo o que perdeu.

Caso 8 – Verbos irregulares

10. Complete as lacunas das frases abaixo com a forma verbal correta:

a) É bom que ele ________________ no campeonato regional. (competir – presente do subjuntivo)
b) É importante que ele ________________ suas acusações. (repelir – presente do subjuntivo)
c) O diretor quer que todos ________________ ao programa. (aderir – presente do subjuntivo)
d) Não acredito que você não ________________ o falso do verdadeiro. (discernir – presente do subjuntivo)
e) É preciso que eles ________________ muito líquido. (ingerir – presente do subjuntivo)
f) Não creio que ele nos ________________ isso. (desejar – presente do subjuntivo)
g) Espero que ele ________________ aqui às 15h. (estar – presente do subjuntivo)
h) Ele quer que você ________________ suas palavras. (medir – presente do subjuntivo)
i) A verba ________________ a cada dia. (minguar – presente do indicativo)
j) Estes rios ________________ no oceano. (desaguar – presente do indicativo)
k) A polícia ________________ o caso há duas semanas. (averiguar – presente do indicativo)
l) O delegado ________________ o banqueiro neste momento. (arguir – presente do indicativo)
m) Neste momento, nós ________________ esclarecer todas as suas dúvidas. (vir – presente do indicativo)
n) Aqui eu não ________________. (caber – presente do indicativo)
o) Se ________________ mais alguém, entraria você. (caber – pretérito imperfeito do subjuntivo)
p) Ele não ________________ no que eu disse. (crer – pretérito perfeito do indicativo)
q) Ele não ________________ continuar no jogo. (poder – pretérito perfeito do indicativo)
r) Ele sempre ________________ esse emprego. (querer – pretérito perfeito do indicativo)
s) Ele ________________ todos os seus direitos. (requerer – pretérito perfeito do indicativo)
t) O decreto ainda está ________________. (viger – gerúndio)
u) É preciso que os diretores ________________. (viajar – presente do subjuntivo)
v) Sua morte foi uma grande ________________ para todos nós. (perder – substantivo)

Caso 9 – Verbos terminados em "-ear" e "-iar"

- Todos os verbos terminados em "-ear" fazem um ditongo "ei" nas formas rizotônicas (sílaba tônica dentro da raiz): ele passeia, freia, saboreia; nas formas arrizotônicas, não há ditongo: passeamos, freando, saboreou.

- Os verbos terminados em "-iar" são regulares (= não fazem ditongo): ele copia, premia, anuncia. Há alguns verbos irregulares (mediar/intermediar, ansiar, remediar, incendiar e odiar): ele medeia, intermedeia, anseia, remedeia, incendeia e odeia.

11. Complete as lacunas com as formas verbais corretas:

a) Alguns pilotos só ________________ (fream ou freiam) em cima da curva.
b) Nós ________________ (freamos ou freiamos) bem antes.
c) Antes de bater, ele ________________ (freou ou freiou) forte.
d) Ele deu uma bela ________________ (freada ou freiada).
e) Ela ________________ (recea ou receia) viajar de avião.
f) Trata-se de uma pessoa muito ________________ (receosa ou receiosa).
g) O filme ________________ (estreou ou estreiou) na semana passada.
h) Este ano, ele ________________ (ceará ou ceiará) com os pais.
i) É bom que ________________ (passeemos ou passeiemos) pela manhã.
j) Eles estão ________________ (saboreando ou saboreiando) um bom sorvete.
k) A verdade é que isto não ________________ (varia ou vareia).
l) O festival sempre ________________ (premia ou premeia) atores novos.
m) Ela nunca se ________________ (maquia ou maqueia).
n) Ele sempre ________________ (arria ou arreia) a cortina no fim da tarde.
o) Ordenaram que o diretor ________________ (negocie ou negoceie) estes títulos.
p) O diretor ________________ (ansia ou anseia) por novos contratos.
q) Ele já disse que não ________________ (media ou medeia) este caso.
r) Um bom advogado ________________ (intermedia ou intermedeia) as negociações sem emoção.

Regência

Uso das preposições:

a, ante, após, até, com, contra, de, desde, em, entre, para, perante, por, sem, sob, sobre, trás.

Caso 1

- Regência Nominal:

Nomes (substantivos, adjetivos ou advérbios) + complemento nominal (com preposição).

- Regência Verbal:
  - Verbos transitivos diretos (objeto direto = sem preposição).
  - Verbos transitivos indiretos (objeto indireto = com preposição).
  - Verbos transitivos diretos e indiretos (objeto direto + objeto indireto).
  - Verbos intransitivos (sem objeto).

1. Complete as lacunas com a preposição mais adequada:

a) A decisão foi favorável _______ todos.
b) O filme é impróprio _______ menores.
c) O filho é natural _______ Fortaleza.
d) O cientista é perito _______ hieróglifos.
e) Ele sente ojeriza _______ mentiras.
f) Ela foi afável _______ seus parentes.
g) Ela estava ansiosa _______ viagens.
h) Ele mora muito próximo _______ mim.
i) A decisão não foi compatível _______ seu modo de pensar.
j) Ele é residente _______ uma rua muito distante.
k) Seu escritório é situado _______ Avenida Rio Branco.
l) Esta ideia é preferível _______ qualquer outra.

2. Complete as lacunas das frases abaixo de acordo com a regência dos verbos:

a) O governo almejava, para este mês, _____ (uma ou a uma) inflação menor.
b) O diretor chamou _______ (o ou ao) funcionário à sua sala.
c) Ele não conhece _______ (os ou aos) pais.
d) Ele desconhece _______ (as ou às) nossas decisões.
e) Ele não reconheceu _______ (os ou aos) acusados.
f) O resultado das pesquisas desagradou ___________ (os ou aos) diretores da empresa.
g) A verdade é que eles desobedeceram _______ (o ou ao) acordo.

h) Ele esqueceu ______ (todos ou de todos) os documentos.
i) Ele se esqueceu ______ (todos ou de todos) os documentos.
j) Eu não lembro ______ (seu ou de seu) nome.
k) Eu não me lembro ______ (seu ou de seu) nome.
l) A decisão do árbitro acabou favorecendo ______ (o ou ao) Flamengo.
m) A filha namorava ______ (o ou com o) primo.
n) Devemos obedecer ______ (os ou aos) sinais de trânsito.
o) Obedeça ______ (a ou à) sinalização.
p) O coordenador quer ______ (todos ou a todos) os professores na reunião.
q) Os alunos querem bem ______ (todos ou a todos) os professores.
r) A secretária procedeu ______ (o ou ao) chamamento dos candidatos.
s) O povo não respeita mais ______ (os ou aos) deputados.
t) Ele sempre usava ______ (alguns ou de alguns) meios ilícitos.
u) Ela já pode usufruir ______ (a ou da) herança.
v) Acabou vencendo ______ (o ou ao) adversário com facilidade.

3. Complete as lacunas das frases a seguir com a opção mais adequada:

a) A decisão do técnico não agradou ______ (os ou aos) torcedores.
b) A loja agradava ______ (as ou às) freguesas com muitas promoções.
c) Muitos brasileiros aspiram ______ (um ou a um) cargo público.
d) O paulista aspira ______ (o ou ao) ar mais poluído do Brasil.
e) O médico assistia ______ (seus ou a seus) pacientes com muita dedicação.
f) Assista ______ (os ou aos) jogos olímpicos pelo canal campeão.
g) O governo deve atender ______ (os ou aos) apelos dos aposentados.
h) Devemos atender ______ (os ou aos) clientes imediatamente.
i) Contratamos dez meninas para atender ______ (o ou ao) telefone.
j) Ela foi atender ______ (a ou à) porta.
k) Ele respondeu ______ (que ou a que) não conhece o deputado.
l) Ele respondeu ______ (o ou ao) juiz.
m) Ele respondeu ______ (o ou ao) questionário.
n) Ele está respondendo ______ (três ou a três) inquéritos.
o) O garçom serviu ______ (os ou aos) salgadinhos.
p) Ele serviu ______ (a ou à) pátria.
q) O diretor visou ______ (todos ou a todos) os documentos.
r) O atirador visava ______ (o ou ao) alvo.
s) Muitos políticos visam ______ (este ou a este) cargo.
t) Muitos políticos visam ______ (chegar ou a chegar) ao poder.

Verbos transitivos diretos e indiretos

4. Complete as lacunas das frases abaixo com uma das opções que estão entre parênteses:

a) O professor avisou ______ (os ou aos) alunos ______ (que ou de que) a prova foi adiada.

b) A empresa deveria ter avisado ______ (os ou aos) empregados ______ (todas ou de todas) as alterações ocorridas no plano de trabalho.
c) Ele certificou ______(o ou do) incidente ______ (o ou ao) diretor.
d) O superintendente vai cientificar ______ (as ou das) mudanças ______ (os ou aos) subordinados.
e) Os vizinhos comunicaram ______ (a ou à) polícia ______ (o ou do ou sobre o) assalto.
f) O assalto só foi comunicado ______ (a ou à) polícia cinco horas depois.
g) O ministro ainda não informou ______ (o ou ao) presidente ______ (a ou da) decisão do juiz.
h) Venho informar ______ (os ou aos) senhores ______ (que ou de que) vamos alterar as metas da nossa empresa.
i) O gerente informou ______ (que ou de que) o pagamento somente será efetuado na próxima semana.
j) A polícia só foi informada ______ (o ou do) assalto cinco horas depois.
k) Encarregamos ______ (o ou do) serviço ______ (o ou ao) pedreiro.
l) O pai incumbia ______ (o ou ao) filho ______ (levar ou de levar) o irmão à escola.
m) O professor impediu ______ (o ou ao) aluno ______ (sair ou de sair) mais cedo.
n) A lei proíbe ______ (os ou aos) brasileiros ______ (beber ou de beber) antes de dirigir.
o) Ensinava ______ (os ou aos) seus funcionários ______ (usar ou a usar) o computador.

5. Corrija as frases, se necessário:

a) Agradecemos aos ouvintes sua preferência.
b) O produto ainda não chegou no mercado.
c) O paulistano levará algumas horas para chegar em casa.
d) Eles só vão na praia aos domingos.
e) As crianças querem ir no banheiro.
f) Ele pediu a todos para que não faltassem.
g) Ele não consegue pagar o colégio.
h) Devemos perdoar os nossos irmãos.
i) Não pise na grama.
j) O carioca prefere muito mais ir à praia do que trabalhar.
k) Queixava-se do colega ao seu chefe.
l) Isto implica em pagamento de horas extras.

6. Corrija quando necessário:

a) Eles acreditam que discos voadores existam.
b) Ele se certificou que as portas estavam bem fechadas.
c) A produção subiu em 10%.
d) Ela ainda estava falando no telefone.

e) Bateu, porque dormiu no volante.
f) Passou toda a manhã no sol.
g) A persistirem os sintomas, o médico deverá ser consultado.
h) A princípio ele era contra o acordo, depois aceitou a proposta.
i) As entregas devem ser feitas em domicílio.
j) Comprou dois televisores em cores.
k) O problema só será resolvido em nível federal.
l) Ele tem de resolver o problema até as 18h.
m) Eles têm que viajar amanhã.
n) Ela está de férias.
o) Ele ficou de pé durante toda a cerimônia.
p) O Internacional ganhou por 2 a 0.
q) O Flamengo e o Vasco empataram por 2 a 2.
r) Identifique-se junto à portaria.
s) O governo conseguiu um empréstimo junto ao Banco Mundial.
t) O problema só será resolvido junto à gerência.

Caso 2 – Dele ou de ele?

Antes de verbo no infinitivo, devemos usar *de ele, de o, de a, de os...*

7. Complete com *dele* ou *de ele*:

a) Eu cheguei antes ____________.
b) Eu cheguei antes ____________ sair.
c) Eu gosto muito ____________.
d) Este livro é ____________.
e) O diretor chegou antes ____________ assinar o contrato.
f) Preciso ____________, apesar de ser muito irresponsável.
g) Apesar ____________ ser um irresponsável, a empresa vai contratá-lo.
h) Diante da possibilidade ____________ vencer o concurso, foi promovido.

8. Complete com *do(s) / da(s)* ou *de o(s) / de a(s)*:

a) Antes ____________ carta chegar, já sabia sua resposta.
b) Ele chegou antes ____________ carta.
c) Os bandidos invadiram o banco, antes ____________ agência abrir.
d) Contratam dois novos reforços diante da possibilidade ____________ atacante ser vendido para o exterior.
e) Apesar ____________ deputados de oposição votarem contra, o projeto deverá ser aprovado.
f) O projeto deverá ser aprovado, apesar ____________ deputados de oposição.
g) A maioria acredita na hipótese ____________ crianças terem sido maltratadas pelos pais adotivos.
h) Ninguém acredita na hipótese ____________ crianças.

Uso do acento da crase

Caso 1 – Preposição + Artigo definido feminino

Ele encaminhou a carta à diretora.
(Ele encaminhou o documento ao diretor).

1. Aplique o "macete" (à = ao) e veja se devemos usar ou não o acento grave indicativo da crase:

a) Ele se referiu a proposta da Silox do Brasil.
b) Não recebemos a proposta da Impetrol.
c) Obedeça a sinalização.
d) Respeite a sinalização.
e) Foi condenado a forca.
f) Isso não vale a pena.
g) Apresentaram a proposta a nova diretoria.
h) Entregou o documento as secretárias.
i) Informou a diretoria que a reunião foi adiada.
j) Informou a diretoria de que a reunião foi adiada.
k) Deu a luz um filho.
l) Fez referência a finalíssima da copa de 1970.
m) Fazia alusão a esta competição com frequência.
n) Só disse a verdade a uma jornalista desconhecida.
o) Compareceu perante a justiça.
p) Sua decisão desagradou a toda a população.
q) Esta proposta é preferível a qualquer outra.
r) Desobedeceram a ordem do técnico.
s) Esta tarefa cabe a ela e não a você.
t) A decisão não foi favorável a senhora nem a Sua Excelência.
u) Ele já está a disposição do técnico.
v) Ficou cara a cara com o goleiro.
w) Todos compareceram a reunião de ontem.
x) Ele nunca vai a reunião nenhuma.
y) Ainda não comunicaram o fato a governadora.
z) Ela é candidata a governadora.
aa) Esta é a pessoa a quem solicitaram a cópia dos contratos.
ab) Ninguém conhece a escritora a cuja obra fizeram tantos elogios.

Caso 2 – Preposição + Pronome substantivo demonstrativo feminino

Esta camisa é igual à do meu pai.

(Esta camisa é igual a + a camisa do meu pai / Este casaco é igual ao do meu pai).

2. Use o acento grave indicativo da crase se for necessário:

a) Esta proposta é superior a do ano passado.
b) A camisa é semelhante a do Vasco.
c) A reivindicação é idêntica a dos bancários.
d) A disciplina é igual a dos militares.
e) Esta disciplina nem lembra a dos militares.
f) Pediu que somente a da direita se levantasse.
g) Fez alusão somente as que estavam em pé.
h) Expulsaram somente as que estavam em pé.
i) Ele não respondeu a que reclamava aos gritos.
j) Ele ignorou a que reclamava aos gritos.
k) Esta é a obra que o jornalista criticou.
l) Esta é a obra a qual o jornalista criticou.
m) Esta é a obra a que o jornalista se referiu.
n) Esta é a obra a qual o jornalista se referiu.
o) A conclusão a que chegamos é que devemos desistir.
p) A conclusão a qual chegamos é que devemos desistir.
q) Esta é a cantora a quem o jornalista fez elogios.
r) Esta é a cantora a qual o jornalista fez elogios.

Caso 3 – Preposição + Pronome demonstrativo (aquele(s), aquela(s), aquilo)

Ele se referiu àquele caso (= Ele se referiu a + aquele caso).

3. Use o acento grave indicativo da crase se for necessário:

a) Ela sempre vai aquela praia.
b) Ela não conhece aquela praia.
c) Ele não faria referência aquele caso.
d) Ele ainda não assinou aquele contrato.
e) Todos sentem aversão aquilo.
f) Ninguém comeria aquilo que serviram.
g) Prefiro aquilo a isto aqui.
h) Ele prefere isto aquilo.
i) Aquela altura, ninguém acreditava mais.
j) Ele se referiu a alguém que estava na arquibancada.

Caso 4 – Preposição + Topônimos (nomes de lugares)

Dica: vai à = volta da; vai a = volta de

4. Use o acento grave indicativo da crase se for necessário:

a) Ele nunca foi a Europa, a África nem a Ásia.
b) Ela já foi a Inglaterra, a Suécia, a Rússia e a Israel.
c) Ela não conhece a Hungria, a China nem a Austrália.
d) Uma estrada liga a Suíça a Itália e outra liga a Espanha a Portugal.
e) Pretende ir a Londres, a Roma e a Paris.
f) Referia-se a Londres dos nevoeiros e a antiga Roma.
g) Nunca foi a Bahia, a Goiás, a Paraíba e a Pernambuco.
h) Fazia referência a progressista Porto Alegre e a sedutora Salvador.
i) Um trem vai em direção a Tijuca; o outro, a Copacabana.
j) Um vai a Angra dos Reis e o outro a cidade de Cabo Frio.
k) Ela sempre vai a casa dos pais.
l) Nas férias, gosta de ir a casa de Itaipava.
m) O bom filho voltou a casa na hora certa.
n) Ele pretende ir a terra dos seus avós.
o) A espaçonave foi a Marte e já retornou a Terra.
p) Os marujos queriam descer a terra.

Caso 5 – Em horas e períodos

A reunião será às 10h.
A reunião será das 8h às 10h.
A reunião será de duas a dez horas.

5. Use o acento grave indicativo da crase se for necessário:

a) Ele chegou as 14h.
b) A reunião só terminará as 20h.
c) Ele está aqui desde as 14h.
d) A reunião foi transferida para as 20h.
e) A reunião será após as 18h.
f) A reunião pode ir até as 22h.
g) A reunião será a partir das 16h.
h) Vai sair as 13h.
i) Vai sair a 1h da tarde.
j) Vai sair a uma hora qualquer.
k) A reunião será das 14h as 18h.
l) A reunião será de duas a quatro horas.

m) Teve de esperar de uma a duas horas.
n) Ficamos abertos das 12h as 20h.
o) Estaremos abertos do meio-dia a meia-noite.
p) Trabalha de segunda a sexta, das 8h as 17h.
q) O congresso vai da próxima segunda a sexta-feira.
r) Ficou conosco de março a junho.
s) Morou no Brasil de 1980 a 1982.
t) O reajuste será de 2% a 4%.
u) Leia de 20 a 30 páginas por dia.
v) Resolva os exercícios da página 20 a 30.

Caso 6 - Em adjuntos adverbiais (de modo, de lugar, de tempo...)

Usamos o acento grave nos adjuntos adverbiais femininos. Também nas locuções prepositivas, conjuntivas e adjetivas femininas.

6. Use o acento da crase se for possível:

a) Vendeu a vista.
b) Bateu a porta.
c) Saiu a noite.
d) Entrou a força.
e) Saiu as pressas e as escondidas.
f) Vamos falar as claras.
g) Andava a toa.
h) Fez todo o trabalho a mão.
i) Gostava de andar a cavalo, mas veio a pé.
j) Não vende nada a prazo.
k) Comeu a beça.
l) Sentou-se a mesa para jantar.
m) Ficou em pé as margens do riacho.
n) Estava dois quilômetros a frente.
o) Era proibido virar a esquerda, por isso entrou a direita.
p) Ela gostava de ficar a janela apreciando o movimento.
q) Mantenha a distância.
r) Mantenha-se a distância.
s) As reuniões são sempre a tarde.
t) Começam invariavelmente as 15h.
u) As vezes, ele aparece na reunião.
v) A última hora, mudou seu voto.
w) Foram raras as vezes em que ele veio aqui.
x) A princípio, sou contra.

Caso 7 – Locuções adverbiais, adjetivas, prepositivas e conjuntivas

7. Use o acento da crase se for possível:

a) Ele escreve a Paulo Coelho.
b) Ela se veste a moda de 1970.
c) Ela se veste a 1970.
d) A moda de 1970 está voltando.
e) Gosta de um bife a milanesa com espaguete a bolonhesa.
f) Não gosta de filé a Osvaldo Aranha; prefere um churrasco a gaúcha.
g) Ele comeu um bacalhau a Zé do Pipo; ela, um camarão a baiana.
h) Vive a custa dos pais e a base de remédios.
i) A base do triângulo mede 5cm.
j) A procura dos criminosos durou dez dias.
k) A polícia está a procura dos criminosos há dez dias.
l) O carro deve ficar a distância de dez metros.
m) Estava a beira de uma crise de nervos.
n) Vive a cata de latinhas.
o) A crise aumenta a medida que os problemas não são resolvidos.
p) A proporção que os torcedores vão chegando, o estádio fica mais lindo.

Caso 8 – Casos facultativos (pronomes adjetivos possessivos femininos no singular e nomes próprios de mulher)

8. Use o acento da crase se for possível:

a) Estamos a sua disposição.
b) Voltarei a minha casa.
c) Comprei a minha casa há dois anos.
d) Fez referência a minha proposta.
e) Fez referência as minhas propostas.
f) Fez referência a minhas propostas.
g) Esqueceu a sua proposta, mas fez referência a minha.
h) Ele fez muitos elogios a Sua Excelência.
i) Ele se referiu a Maria.
j) Ele não encontrou a Maria.
k) Dedicou todo seu amor a Clara.
l) Ele se referia a Cleópatra.
m) Ele foi até a praia.
n) Ficou até as 11h.

Caso 9 – Crase impossível

9. Use o acento da crase se for possível:

a) O carro está a serviço da Globo.
b) Comida a quilo.
c) Já começou a chover.
d) Foi obrigado a convidá-lo.
e) Tráfego proibido a motocicletas.
f) Fazia alusão a situações hipotéticas.
g) Não obedecia a leis ultrapassadas.
h) Referia-se as leis estabelecidas para o caso.
i) Obras a cem metros.
j) Aludiu a sintomas estranhos.
k) Dedicou o sucesso a todos.
l) Não obedecia a ninguém.
m) Entregou os documentos a uma antiga funcionária.
n) Entregou os documentos a esta funcionária.
o) Entregou os documentos a mim e não a ela.
p) Ele se referia a D. Leopoldina.
q) Entregou as compras a Dona Maria.
r) Solicitou a receita a Doutora Maria Luísa.
s) Venceu de ponta a ponta.
t) Só respondeu a quem desejava uma explicação melhor.

Caso 10 – Casos polêmicos

10. Use o acento da crase se for possível:

a) Ensino a distância.
b) Filé a cavalo e frango a passarinho.
c) Só faz vendas a vista.
d) Fez a redação a máquina.
e) Foi recebido a bala.
f) Ataque a bomba.
g) Carro a gasolina.
h) Baile a fantasia.
i) Sujeito a multa.
j) Todos os itens estão sujeitos a inspeção.

Uso dos pronomes pessoais e colocação dos pronomes átonos

Pronomes pessoais

> Uso dos pronomes pessoais retos e oblíquos.
> Eu e tu – pronomes pessoais retos (= sujeito):
> "Ela trouxe o livro para eu ler"; "Ela trouxe o livro para tu leres".
> Mim e ti – pronomes pessoais oblíquos tônicos (= complementos e com preposição):
> "Ela trouxe o livro para mim"; "Ela trouxe o livro para ti".

1. Complete com *eu* ou *mim*, tu ou *ti*:

a) Vão entregar o contrato para ______ ou para ______.
b) O contrato é para ______ assinar.
c) O contrato é para ______ assinares ainda hoje.
d) Ele chegou antes de ______.
e) Ele chegou antes de ______ viajar para Brasília.
f) Ele chegou antes de ______ viajares para Brasília.
g) Ele fez tudo isso por ______.
h) Ele só fez isso por ______ não estar disponível.
i) Para ______ aceitar a proposta, é preciso outras concessões.
j) Para ______, aceitar esta proposta é uma loucura.
k) Não há nada entre ______ e você.
l) Não há nada entre ______ e ______.
m) Não há nada entre ______ sair e você ficar em casa.
n) O chefe teve de escolher entre ______ e o filho dele.
o) Eu fiquei um pouco fora de ______.
p) Ela só chegou depois de ______.
q) Ela chegou após ______ ter feito todo o trabalho.
r) Por ______, ficar nervoso é a causa principal de tantas reprovações.
s) Por ______ sempre ficar nervoso nas decisões, fui substituído.
t) Para ______ viver no Rio de Janeiro é questão de coragem.

2. Complete com *conosco*, *com nós* ou *com a gente*:

> Conosco - uso normal: "Ele se reuniu conosco".
> Com nós - antes de numerais e pronomes: "Ele se reuniu com nós dois"; "Ele se reuniu com nós todos".
> Com a gente - só em textos informais (língua coloquial).

a) Deixaram o problema ______________.
b) Deixaram o problema ______________ três.
c) Toda atividade só é importante ______________ todos.
d) A atenção maior é ______________ que fomos os primeiros.
e) Isto só acontece ______________.
f) Tudo de bom aconteceu ______________ que nos dedicamos mais.
g) Trouxemos os resultados ______________ ontem à tarde.
h) Estão muito satisfeitos ______________.
i) Estamos muitos satisfeitos ______________ mesmos.
j) Os diretores querem uma reunião ______________ todos ainda hoje.

3. Complete com *contigo*, *consigo* ou *com você*:

> Contigo - 2.ª pessoa do singular (= tu): "Ele quer se reunir contigo".
> Com você - 3.ª pessoa do singular (= você): "Ele quer se reunir com você".
> Consigo - forma reflexiva de 3.ª pessoa: "Ele levou os documentos consigo".

a) Ele te disse isso, porque deixará tudo ______________.
b) Ele lhe disse isso, porque deixará tudo ______________.
c) Ele sempre carrega o passaporte ______________.
d) Teu chefe quer falar ______________.
e) Seu chefe quer falar ______________.
f) Ele anda chateado ______________ mesmo.

4. Complete com *si* ou *você(s)*:

> Si - forma reflexiva de 3.ª pessoa: "Ele feriu a si (mesmo)".
> Você - forma de 3.ª pessoa, mas se refere ao interlocutor: "Ele feriu você".

a) Falam mal de _______ mesmos.
b) Gostamos muito de _______.
c) Eu estava falando de _______.
d) Ela anda muito chateada com _______ mesma.
e) Ele está muito senhor de _______.

f) Os egoístas só têm olhos para ______.
g) O chefe quer falar com ______.
h) Os filhos vão dividir a herança entre ______.
i) O chefe quer que a tarefa seja dividida entre ______.
j) Eles brigavam entre ______.

5. Complete com *o* ou *lhe*:

> O(s), a(s), lo(s), la(s) - objetos diret os: "Ele não o entregou (= o documento)".
> Lhe(s) - complementos preposicionados: "Ele não lhe entregou (= ao cliente)".

a) Há muito tempo que não ______ vejo.
b) Vigiava ______ durante muitas horas.
c) Cabia ______ apressar o resultado.
d) Custou ______ crer nisso.
e) Respeitava ______ muito.
f) Restava ______ uma esperança.
g) Desejei ______ boa sorte.
h) Roubaram ______ o carro.
i) Apresentaram ______ o novo diretor.
j) Apresentaram ______ ao novo diretor.
k) Avisei ______ do incidente.
l) Avisei ______ o incidente.
m) Vamos informar ______ que a reunião será adiada.
n) Vamos informar ______ de que a reunião será adiada.
o) Devem certificar ______ dos resultados da pesquisa.
p) Devem cientificar ______ os resultados da pesquisa.
q) Ainda não ______ comunicaram o assalto.
r) Encarregaram ______ de buscar os documentos.
s) Ninguém ______ proibiu de sair.
t) Querem ensinar ______ a fazer a planilha.

6. Complete com *lhe(s)* ou a *ele(s)*:

> Lhe(s) - só para pessoas: "Eu lhe respondi (= ao diretor)".
> A ele(s), a ela(s) - para coisas e pessoas: "Eu respondi a ele (= ao diretor ou ao questionário).

a) Assisti ao jogo. Assisti ______________.
b) Aspiramos a este cargo. Aspiramos ______________.

c) Respondeu aos interessados. Respondeu ________________.
d) Paguei ao médico. Paguei ________________.
e) Referiu-se aos seus méritos. Referiu-se ________________.
f) Obedeça aos mestres. Obedeça ________________.
g) Obedeça à sinalização. Obedeça ________________.
h) Fez referência ao técnico. Fez referência ________________.

Colocação dos pronomes átonos

> Pronomes átonos: me, te, se, o, a, lhe, nos, vos, os, as, lhes.
> Próclise: Eu *o encontrei* na praia (uso preferencial no Brasil)).
> Ênclise: Eu *encontrei-o* na praia (uso preferencial em Portugal).
> Mesóclise: *Encontrá-lo-ei* na praia (só com verbo no futuro do indicativo).

7. Identifique, em cada questão, qual é a opção mais adequada:

a)
( ) Me parece que ele não vem à reunião.
( ) Parece-me que ele não vem à reunião.
( ) Parece a mim que ele não vem.

b)
( ) Se for possível, me ligue.
( ) Se for possível, ligue-me.
( ) Se for possível, ligue para mim.

c)
( ) Nos encontramos na reunião de ontem.
( ) Encontramo-nos na reunião de ontem.
( ) Nós nos encontramos na reunião de ontem.

d)
( ) O presidente encontrou-o em Roma.
( ) O presidente o encontrou em Roma.
( ) O presidente encontrou ele em Roma.

e)
( ) Terminada a reunião, se retiraram da sala.
( ) Terminada a reunião, retiraram-se da sala.
( ) Terminada a reunião, todos se retiraram da sala.

f)
( ) O convidado retirou-se mais cedo.
( ) O convidado se retirou mais cedo.

g)
( ) O convidado ainda não retirou-se da sala.
( ) O convidado ainda não se retirou da sala.

h)

( ) Ninguém encontrou-o em Roma.

( ) Ninguém o encontrou em Roma.

i)

( ) Sempre encontramo-nos em Roma.

( ) Sempre nos encontramos em Roma.

j)

( ) Ontem, encontramo-nos em Brasília.

( ) Ontem, nos encontramos em Brasília.

( ) Ontem, nós nos encontramos em Brasília.

( ) Ontem nos encontramos em Brasília.

k)

( ) Este é o restaurante em que come-se melhor.

( ) Este é o restaurante em que se come melhor.

l)

( ) Nada foi dito porque trata-se de um assunto sigiloso.

( ) Nada foi dito porque se trata de um assunto sigiloso.

m)

( ) Se trata-se de assunto polêmico, ele não opinará.

( ) Se se trata de assunto polêmico, ele não opinará.

( ) Caso se trate de assunto polêmico, ele não opinará.

n)

( ) Tudo move-se.

( ) Tudo se move.

o)

( ) Nós censurávamos-te.

( ) Nós te censurávamos.

p)

( ) Em tratando-se de dinheiro, ele é mestre.

( ) Em se tratando de dinheiro, ele é mestre.

q)

( ) A proposta é boa, se considerando o fato de ser em euros.

( ) A proposta é boa, considerando-se o fato de ser em euros.

r)

( ) Para não o ver, saiu mais cedo.

( ) Para não vê-lo, saiu mais cedo.

s)

( ) Quem disse-lhe que o argentino já foi contratado?

( ) Quem lhe disse que o argentino já foi contratado?

t)

( ) Como respeitam-no!
( ) Como o respeitam!

u)

( ) A reunião realizar-se-á somente amanhã.
( ) A reunião se realizará somente amanhã.
( ) A reunião realizará-se somente amanhã.

v)

( ) A reunião não realizar-se-á hoje.
( ) A reunião não se realizará hoje.

w)

( ) Ele encontrá-lo-ia em São Paulo.
( ) Ele o encontraria em São Paulo.

x)

( ) Faria-se o possível para assinar o contrato.
( ) Se faria o possível para assinar o contrato.
( ) Far-se-ia o possível para assinar o contrato.
( ) Seria feito o possível para assinar o contrato.

8. Identifique as opções inaceitáveis e a mais adequada para cada frase:

> Em locuções verbais:
> Eu lhe devo enviar os documentos - próclise do verbo auxiliar.
> Eu devo-lhe enviar os documentos - ênclise do verbo auxiliar.
> Eu devo lhe enviar os documentos - próclise do verbo principal (uso preferencial).
> Eu devo enviar-lhe os documentos - ênclise do verbo principal.

a)

( ) Lhe devo enviar os documentos.
( ) Devo-lhe enviar os documentos.
( ) Devo lhe enviar os documentos.
( ) Devo enviar-lhe os documentos.

b)

( ) Eu lhe devo enviar os documentos.
( ) Eu devo-lhe enviar os documentos.
( ) Eu devo lhe enviar os documentos.
( ) Eu devo enviar-lhe os documentos.

c)

( ) Eu não lhe devo enviar os documentos.
( ) Eu não devo-lhe enviar os documentos.

( ) Eu não devo lhe enviar os documentos.
( ) Eu não devo enviar-lhe os documentos.

d)

( ) Nos estavam observando.
( ) Estavam-nos observando.
( ) Estavam nos observando.
( ) Estavam observando-nos.

e)

( ) Eles nos estavam observando.
( ) Eles estavam-nos observando.
( ) Eles estavam nos observando.
( ) Eles estavam observando-nos.

f)

( ) Eles não nos estavam observando.
( ) Eles não estavam-nos observando.
( ) Eles não estavam nos observando.
( ) Eles não estavam observando-nos.

g)

( ) Me havia comunicado o fato.
( ) Havia-me comunicado o fato.
( ) Havia me comunicado o fato.
( ) Havia comunicado-me o fato.

h)

( ) Ele me havia comunicado o fato.
( ) Ele havia-me comunicado o fato.
( ) Ele havia me comunicado o fato.
( ) Ele havia comunicado-me o fato.

i)

( ) Ele não me havia comunicado o fato.
( ) Ele não havia-me comunicado o fato.
( ) Ele não havia me comunicado o fato.
( ) Ele não havia comunicado-me o fato.

Uso dos pronomes demonstrativos e relativos

Caso 1 – Pronomes relativos

Que, quem, qual, cujo, onde, como, quando e quanto.

> "Este é o livro que o professor indicou (= indicou o livro)";
> "Este é o livro a que o professor se referiu (= se referiu ao livro)".
> "Este é o livro cujo autor foi homenageado (= o autor do livro foi homenageado)";
> "Este é o livro de cujo autor o professor não gosta (= o professor não gosta do autor do livro)";
> "Esta é a rua onde ele mora (= mora na rua)";
> "Esta é a rua aonde ele foi ontem (= foi à rua)

1. Complete as lacunas com o pronome relativo adequado precedido ou não de preposição:

a) Trouxe os documentos...

_____________ eles pediram.
_____________ eles precisam.
_____________ eles se referiram.
_____________ eles precisam ler.
_____________ eles se esqueceram de assinar.

b) Estas são as ideias...

_____________ foram apresentadas na reunião.
_____________ a diretoria acredita.
_____________ a diretoria discorda.
_____________ a diretoria concorda.
_____________ a diretoria fez referência.

c) Estas são as pessoas...

_____________ compareceram à reunião.
_____________ o chefe mais respeita.
_____________ o chefe entregou o novo projeto.
_____________ o chefe mais gosta.
_____________ o chefe mais confia.

d) Este é o relatório...
____________ autor foi promovido.
____________ autoras eu não conhecia.
____________ autores fiz vários elogios.
____________ autora ele está apaixonado.
____________ autor ele sempre gostou muito.

e) É linda a cidade...
____________ nós vivemos.
____________ ela nasceu.
____________ eles irão nas férias.
____________ eles levaram seus filhos.
____________ elas vêm.

2. Complete as lacunas com o pronome relativo adequado, respeitando a regência:

a) Esta é a música ________________ (que ou de que) o povo gosta.
b) E Brasil acabou chegando ao gol ________________ (que ou de que) tanto precisava.
c) Esta é a marca ________________ (que ou em que) o mundo confia.
d) Estes são os dados ________________ (que ou a que) fizeram referência.
e) Este é o diretor ____________ (que ou quem ou a quem) sempre respeitei.
f) Aqui a lista dos técnicos ________________ (que ou com que ou com quem) pretendo viajar para Brasília.
g) Ainda não conheço a secretária do diretor ________________ (de quem ou da qual ou do qual) o chefe fala tanto.
h) Não gosto muito do assunto ________________ (sobre que ou sobre o qual) conversamos ontem na reunião.
i) Isto aconteceu na semana ________________ (durante que ou durante a qual) fizemos um curso de aperfeiçoamento.
j) É um funcionário ________________ (cujo ou cujo o) trabalho é sempre muito elogiado.
k) Ele é uma pessoa ________________ (cujos ou com cujos ou com os quais) ideais simpatizamos muito.
l) É um político ________________ (cujas ou contra cujas ou contra as quais) ideias lutamos por toda a vida.
m) Não concordo com os argumentos ________________ (onde ou em que ou nos quais) os advogados se basearam.
n) Isto ocorreu no mês ____________________ (onde ou quando) o governo alterou sua política econômica.
o) Esta é a rua ________________ (onde ou aonde) eles moram.
p) Esta é a empresa ________________ (onde ou aonde) nós trabalhamos.
q) Esta é a praia ____________________ (onde ou aonde) ela sempre vai aos domingos.

r) Não sei ______________ você vem, ______________ está nem ______________. (onde ou aonde ou de onde)
s) Era tudo ______________ (que ou quanto) ele tinha para dar.
t) Essa foi a melhor forma ______________ (que ou como) decidimos o impasse.

3. Complete as lacunas com o pronome relativo adequado, precedido ou não de preposição:

a) São estes os voluntários ______________ a organização depende tanto.
b) Recebemos os catálogos ______________ páginas vi a tal propaganda.
c) Aqui estão os produtos ______________ se fez tanta propaganda.
d) Estes são os objetivos ______________ estamos voltados no momento.
e) Eis os políticos ______________ ideias se anima o país.
f) Foram as peças de teatro ______________ assisti em Paris.
g) São muitos os doentes ______________ nossos médicos devem assistir.
h) Não sei o motivo ______________ eles não vieram.
i) Este é o assunto ______________ discutíamos ontem.
j) É nesta rua ______________ fica o depósito da nossa empresa.
k) Não sei o ponto ______________ você pretende chegar.
l) Nunca soube a hora ______________ vocês se encontravam.
m) Isto ocorreu no período ______________ ele era o presidente da empresa.
n) Desconheço o modo ______________ ele resolveu o problema.
o) Deve ser este o método ______________ ele sempre agia.
p) Deve ser este o método ______________ ele sempre adotava.
q) Isto é tudo ______________ eles possuíam.
r) Descobri o problema ______________ devia informá-lo.
s) Descobri o problema ______________ devia informar-lhe.
t) Esta é a proposta ______________ ele se referiu.

Caso 2 – Pronomes demonstrativos

> Este (s), esta (s), isto – perto do emissor + tempo presente;
> Esse (s), essa (s), isso – perto do receptor + coisa citada;
> Aquele (s), aquela (s), aquilo – distante.

4. Complete as lacunas com o pronome demonstrativo adequado:

a) ______________ empresa em que trabalhamos passa por problemas delicados.
b) Não tenho a mínima ideia do que seja ______________ aqui.
c) Que você pretende com ______________ aí?
d) Meu amigo, como funciona ______________ maquininha que está na sua mesa.
e) ______________ momento são exatamente 12h.
f) A medida será votada até o fim ______________ semana.

g) A safra __________ ano é a maior desde 1999.
h) __________ madrugada, houve um grave acidente no interior do Paraná.
i) __________ domingo, teremos a final da Copa do Mundo.
j) Os testes serão feitos em dezembro, mas as inscrições devem ser feitas __________ mês.
k) Até a 25.ª Volta, Massa liderava a corrida. __________ momento, a chuva aumentou tanto que a corrida teve de ser interrompida.
l) Daqui a vinte anos, espera-se que o Brasil tenha estradas dignas. __________ época, talvez seja possível fazer turismo rodoviário __________ país.
m) Leiloar o Banespa, __________ era a proposta do ministro.
n) A proposta do ministro é __________: leiloar o Banespa.
o) Vivia chegando atrasado, por __________ pode ser demitido.
p) __________ época, viajava-se muito de trem.
q) Não encontramos mais profissionais dedicados como __________ tempos.
r) Chamaram o Dr. Júlio César e a Dra. Maria dos Anjos: __________ por ser uma cientista renomada e __________ por ser amigo do presidente.

Caso 3 – Uso dos pronomes de tratamento

A concordância dos verbos e pronomes deve ser feita na 3.ª pessoa; Vossa Senhoria é o interlocutor; Sua Senhoria é de quem se fala.

5. Complete as frases com a forma mais adequada:

a) Vossa Excelência __________ (deve ou deveis) comparecer à entrevista coletiva.
b) __________ (tenha ou tende) paciência. Vossa Majestade anda muito nervoso.
c) Vossa Senhoria deve comparecer à reunião com __________ (seus ou vossos) convidados.
d) Vossa Excelência merece, por isso estamos a __________ (sua ou vossa) disposição para mais esclarecimentos.
e) Não quero falar com você. Preciso encontrar-me com __________ (Sua ou Vossa) Excelência.
f) __________ (Sua ou Vossa) Excelência, por favor, diga-nos a sua opinião a respeito do assunto.
g) Caros leitores, não se esqueçam das palavras que __________ (Sua ou Vossa) Santidade nos deixou em sua última viagem ao Brasil.
h) Preciso falar com Sua __________ (Senhoria ou Excelência), o governador do Pará.
i) Sua __________ (Alteza ou Majestade), o Príncipe Charles, viajará amanhã para a França.
j) Será que Vossa Majestade __________ (viajará ou viajareis) com __________ (sua ou vossa) comitiva para o Brasil?

Ortografia – uso das letras

Ortografia – Parte 1 – Emprego de letras

Assinale, em cada questão, a única palavra cuja grafia NÃO é a oficial.

Teste 1 – Com E ou I?

1.

a) acariação.
b) anteontem.
c) arrepiar.
d) cadeado.
e) carestia.

2.

a) corpóreo.
b) desenfreado.
c) dispender.
d) destilar.
e) empecilho.

3.

a) encarnação.
b) enteado.
c) irriquieto.
d) paletó.
e) penico.

4.

a) periquito.
b) previnir.
c) sequer.
d) seringa.
e) umedecer.

5.

a) acridoce.
b) artifício.
c) cárie.
d) chilique.
e) dentefrício.

6.

a) degladiar.
b) dilapidar.
c) dispêndio.
d) disfarce.
e) disforme.

7.

a) incinerar.
b) incriminar.
c) influe.
d) inigualável.
e) iniludível.

8.

a) intitular.
b) meretíssimo.
c) penicilina.
d) pinicar.
e) privilégio.

Teste 2 – Com G ou J?

1.

a) agiota.
b) anjélico.
c) apogeu.
d) argila.
e) digestão.

2.

a) falange.
b) gengibre.
c) gengiva.
d) gerjelim.
e) geringonça.

3.

a) hereje.
b) impingir.
c) megera.
d) monge.
e) ogiva.

4.

a) rabugento.
b) rigidez.
c) sargento.
d) tijela.
e) sugestão.

5.

a) ajeitar.
b) canjica.
c) desajeitado.
d) enrijecer.
e) gorgear.

6.

a) gorgeta.
b) injeção.
c) jeito.
d) jenipapo.
e) jiló.

7.

a) majestade.
b) lage.
c) majestoso.
d) manjedoura.
e) pajem.

8.

a) objeção.
b) ojeriza.
c) sargeta.
d) ultraje.
e) rejeição.

Teste 3 – Com O ou U?

1.

a) abolição.
b) amêndoa.
c) boate.
d) bolacha.
e) butequim.

2.

a) bússola.
b) cortiça.
c) costume.
d) engulir.
e) epístola.

3.

a) explodir.
b) focinho.
c) goela.
d) maumetano.
e) mochila.

4.

a) névoa.
b) nódoa.
c) orangotango.
d) polenta.
e) puleiro.

5.

a) silvícola.
b) sotaque.
c) toalete.
d) vinícola.
e) acodir.

6.

a) anágua.
b) boeiro.
c) burburinho.
d) camundongo.
e) fêmur.

7.

a) glândula.
b) jaboticaba.
c) rebuliço.
d) supetão.
e) surrupiar.

8.

a) táboa.
b) tabuada.
c) tabuleta.
d) cinquenta.
e) curtir.

9.

a) cúpula.
b) cópula.
c) lóbolo.
d) cutucar.
e) embutir.

10.

a) muamba.
b) usofruto.
c) trégua.
d) pérgula.
e) escapulir.

Teste 4 - Com C ou Ç ou S ou SS?

1.

a) assessório.
b) alicerce.
c) alvorecer.
d) apetecer.
e) célere.

2.

a) celibato.
b) cercear.
c) cessar.
d) chacina.
e) sílio.

3.

a) circuncisão.
b) disfarse.
c) coercitivo.
d) docente.
e) concílio.

4.

a) ensurdecer.
b) excepcional.
c) intercessão.
d) obsecado.
e) vacina.

5.

a) absorção.
b) abstensão.
c) açude.
d) adereço.
e) adoção.

6.

a) alçapão.
b) apreço.
c) cassarola.
d) cerração.
e) caniço.

7.

a) cansaço.
b) carcaça.
c) carniça.
d) camursa.
e) cessação.

8.

a) chouriço.
b) coação.
c) contorsão.
d) dança.
e) deserção.

9.

a) desfaçatez.
b) disfarsar.
c) distorção.
d) dobradiça.
e) ereção.

10.

a) erupção.
b) exceção.
c) extinsão.
d) hortaliça.
e) inserção.

11.

a) massante.
b) maçarico.
c) maciço.
d) menção.
e) miçanga.

12.

a) muçulmano.
b) orçar.
c) paçoca.
d) pinsa.
e) presunção.

13.

a) quiçá.
b) rebuliço.
c) roliço.
d) saçaricar.
e) sossobrar.

14.

a) sanção.
b) rechaçar.
c) mormasso.
d) mordaça.
e) noviço.

Teste 5 – Com S ou SS ou SC ou XC?

1.

a) abcesso.
b) abscissa.
c) adolescência.
d) ascendente.
e) ascender.

2.

a) ascensão.
b) consciência.
c) descendência.
d) dicente.
e) discernir.

3.

a) disciplina.
b) discípulo.
c) fascículo.
d) facínio.
e) florescência.

4.

a) fluorescente.
b) imprescindível.
c) isósceles.
d) lacivo.
e) nascença.

5.

a) miscigenação.
b) obceno.
c) onisciência.
d) oscilação.
e) renascença.

6.

a) piscina.
b) picicultura.
c) prescindir.
d) remanescente.
e) renascimento.

7.

a) rescindir.
b) rescisão.
c) seiscentos.
d) susceptível.
e) sucitar.

8.

a) víscera.
b) excessão.
c) excedente.
d) excelência.
e) excelentíssimo.

9.

a) escêntrico.
b) excepcional.
c) excessivo.
d) exceto.
e) excitação.

10.

a) acréscimo.
b) convalescer.
c) decentralização.
d) excitar.
e) exceder.

Teste 6 - Com S ou SS ou C ou Ç?

1.

a) ânsia.
b) apreensão.
c) arsênico.
d) ascenção.
e) cansaço.

2.

a) compreenção.
b) compulsão.
c) consenso.
d) descenso.
e) despensa.

3.

a) compulsório.
b) condensar.
c) conversão.
d) convulsão.
e) descançar.

4.

a) dimenção.
b) dispensa.
c) dispersão.
d) distensão.
e) diversão.

5.

a) emersão.
b) extender.
c) excursão.
d) expulsão.
e) extensão.

6.

a) extorsão.
b) farsa.
c) ganso.
d) hortência.
e) impulsionar.

7.

a) incurção.
b) insinuar.
c) intrínseco.
d) inversão.
e) justapor.

8.

a) misto.
b) obcessão.
c) obsidiar.
d) obsoleto.
e) percurso.

9.

a) persiana.
b) perversão.
c) pretenção.
d) propensão.
e) propulsão.

10.

a) recenseamento.
b) remorso.
c) repreensão.
d) repulça.
e) reverso.

11.

a) salsicha.
b) sinusite.
c) sisudo.
d) submersão.
e) subscidiar.

12.

a) subsídio.
b) subsistência.
c) suspensão.
d) versátil.
e) imerção.

13.

a) acessível.
b) admição.
c) agressão.
d) assédio.
e) asserção.

14.

a) acessoria.
b) assíduo.
c) bissetriz.
d) bússola.
e) cassino.

15.

a) classicismo.
b) compasso.
c) compassivo.
d) compressa.
e) conceção.

16.

a) demissionário.
b) depressivo.
c) discussão.
d) discídio.
e) dissipar.

17.

a) dissuadir.
b) emissão.
c) endoçar.
d) escassez.
e) excesso.

18.

a) excecivo.
b) girassol.
c) idiossincrasia.
d) opressão.
e) permissivo.

19.

a) pêcego.
b) pintassilgo.
c) presságio.
d) procissão.
e) progressão.

20.

a) promissor.
b) remessa.
c) repercução.
d) repressão.
e) ressaca.

21

a) ressalva.
b) ressarcir.
c) rescentir.
d) ressurreição.
e) ressuscitar.

22.

a) sanguessuga.
b) sesseção.
c) sucessão.
d) verossimilhança.
e) sossego.

Teste 7 - Com S ou X?

1.

a) contestar.
b) contexto.
c) dextro.
d) esclarecer.
e) esgotar.

2.

a) esplêndido.
b) expectativa.
c) explendor.
d) escusar.
e) esperteza.

3.

a) esplanada.
b) expender.
c) esplanar.
d) explícito.
e) espontâneo.

4.

a) espraiar.
b) expremer.
c) esquisito.
d) estagnar.
e) estática.

5.

a) extender.
b) extenso.
c) extensão.
d) extensivo.
e) estendido.

6.

a) extornar.
b) estratosfera.
c) estranheza.
d) extirpar.
e) extremoso.

7.

a) expiação.
b) juxtaposição.
c) contextual.
d) sintaxe.
e) estropiar.

Teste 8 - Com S ou Z ou X?

1.

a) aceso.
b) adesão.
c) amnésia.
d) análize.
e) anestesia.

2.

a) apoteose.
b) arquidiocese.
c) artesão.
d) atrás.
e) atrazo.

3.

a) através.
b) talvez.
c) besouro.
d) braza.
e) burguesia.

4.

a) campesino.
b) camiseta.
c) casebre.
d) catalizar.
e) catequese.

5.

a) cezariana.
b) cisalpino.
c) cisão.
d) coesão.
e) colisão.

6.

a) concisão.
b) convés.
c) contusão.
d) cortezia.
e) demasia.

7.

a) diagnose.
b) eutanásia.
c) êxtase.
d) estravasar.
e) freguesia.

8.

a) fuselagem.
b) fusão.
c) fuzível.
d) fuzil.
e) formoso.

9.

a) gás.
b) gazolina.
c) gasoso.
d) grisalho.
e) heresia.

10.

a) hexitar.
b) êxito.
c) ileso.
d) incisão.
e) infusão.

11.

a) invés.
b) revesamento.
c) irrisório.
d) isenção.
e) jus.

12.

a) lapiseira.
b) lesão.
c) lizura.
d) losango.
e) maresia.

13.

a) mazoquismo.
b) mausoléu.
c) metamorfose.
d) náusea.
e) obeso.

14.

a) obséquio.
b) ourivesaria.
c) paralisia.
d) paralisar.
e) paralização.

15.

a) parmesão.
b) pesadelo.
c) pêsames.
d) pesquisa.
e) pitoniza.

16.

a) precisão.
b) princeza.
c) sacerdotisa.
d) baronesa.
e) profusão.

17.

a) querosene.
b) quesito.
c) razura.
d) reclusão.
e) repousar.

18.

a) represália.
b) requisição.
c) rez.
d) mês.
e) três.

19.

a) rezenha.
b) resíduo.
c) resolução.
d) revés.
e) saudosismo.

20.

a) sinusite.
b) sisudo.
c) tozar.
d) usufruto.
e) usura.

Teste 9 - Com S ou Z ou X?

1.

f) abalizado.
g) algazarra.
h) alteza.
i) aprazível.
j) balisa.

2.

k) buzina.
l) capataz.
m) catequizar.
n) cicatriz.
o) coalisão.

3.

p) desprezar.
q) destreza.
r) diretriz.
s) dízimo.
t) disimar.

4.

a) enfesar.
b) envernizar.
c) falaz.
d) fugaz.
e) foz.

5.

a) gazela.
b) gazeta.
c) gozar.
d) graniso.
e) lambuzar.

6.

a) jazer.
b) jazigo.
c) mazela.
d) noz.
e) perdis.

7.

a) perspicaz.
b) petiz.
c) prazerosamente.
d) presteza.
e) primasia.

8.

a) proeza.
b) regozijar.
c) reluzir.
d) rodísio.
e) sagaz.

9.

a) tez.
b) tornoselo.
c) trapézio.
d) varizes.
e) vazante.

10.

a) exagero.
b) exalar.
c) exaurir.
d) exangue.
e) ezasperar.

11.

a) exilar.
b) exaltação.
c) exímio.
d) êxodo.
e) ezonerar.

12.

a) ezorbitar.
b) exorcista.
c) exótico.
d) exultar.
e) exumar.

Teste 10 – Com S ou Z?

1.

a) gasinho.
b) princezinha.
c) paisinho.
d) paizinho.
e) pãezinhos.

2.

a) analisar.
b) paralizar.
c) pesquisar.
d) anarquizar.
e) banalizar.

3.

a) cotizar.
b) esterilizar.
c) higienizar.
d) profetisar.
e) sensibilizar.

4.

a) cortês.
b) freguesa.
c) marqueza.
d) baronesa.
e) montanhês.

5.

a) inglesa.
b) finlandeza.
c) japonesa.
d) pequinês.
e) pequenez.

6.

a) acidez.
b) siamês.
c) português.
d) avidez.
e) viuvês.

7.

a) aspereza.
b) esperteza.
c) estranheza.
d) fineza.
e) inteiresa.

8.

a) escassês.
b) estupidez.
c) flacidez.
d) frigidez.
e) invalidez.

9.

a) limpidez.
b) liquidez.
c) lucidez.
d) maciez.
e) noroeguez.

10.

a) ligeireza.
b) justeza.
c) dinamarquesa.
d) gaguês.
e) magreza.

Teste 11 - Com X ou CH?

1.

a) atarraxar.
b) bexiga.
c) cachumba.
d) coaxar.
e) encaixe.

2.

a) engraxar.
b) enchada.
c) enxame.
d) enxoval.
e) enxurrada.

3.

a) esdrúxulo.
b) fachina.
c) laxante.
d) maxixe.
e) mexerico.

4.

a) mexilhão.
b) mixórdia.
c) tachativo.
d) xale.
e) xampu.

5.

a) xarope.
b) xícara.
c) apetrexo.
d) bochecha.
e) bombacha.

6.

a) caximbo.
b) capuchinho.
c) chafariz.
d) chimarrão.
e) chiste.

7.

a) xuxu.
b) cochicho.
c) colcha.
d) colchão.
e) concha.

8.

a) comichão.
b) coqueluche.
c) deboche.
d) espichar.
e) faxada.

9.

a) faixa.
b) fichário.
c) flecha.
d) penacho.
e) pexinxa.

10.

a) raxadura.
b) salsicha.
c) tacho.
d) tocha.
e) inchaço.

Teste 12 - Com ou sem H?

1.

a) hangar.
b) hectare.
c) hediondo.
d) higrômetro.
e) indu.

2.

a) olofote.
b) hombridade.
c) homologação.
d) herege.
e) hérnia.

3.

a) horripilante.
b) hemorragia.
c) epático.
d) heptacampeão.
e) horto.

4.

a) herbáceo.
b) erbívoro.
c) erva.
d) hesitar.
e) êxito.

5.

a) ibernal.
b) inverno.
c) hispânico.
d) espanhol.
e) hermético.

6.

a) hipocondria.
b) hipotermia.
c) histeria.
d) hoje.
e) odierno.

Teste 13 - De acordo com o novo acordo ortográfico, qual é a forma oficial?

a) ( ) abóbada ou ( ) abóboda?
b) ( ) advinhar ou ( ) adivinhar?
c) ( ) advogado ou ( ) adevogado?
d) ( ) alejado ou ( ) aleijado?
e) ( ) arteriosclerose ou ( ) arterosclerose?
f) ( ) asterístico ou ( ) asterisco?
g) ( ) astigmatismo ou ( ) estigmatismo?
h) ( ) aterrissar ou ( ) aterrizar?
i) ( ) bandeija ou ( ) bandeja?
j) ( ) beneficente ou ( ) beneficiente?

k) (   ) cabelereiro ou (   ) cabeleireiro?
l) (   ) calvície ou (   ) calvice?
m) (   ) carangueijo ou (   ) caranguejo?
n) (   ) chimpanzé ou (   ) chipanzé?
o) (   ) catorze ou (   ) quatorze?
p) (   ) cincoenta ou (   ) cinquenta?
q) (   ) companhia ou (   ) compania?
r) (   ) crimenologista ou (   ) criminologista?
s) (   ) depredar ou (   ) depedrar?
t) (   ) descarrilar ou (   ) descarrilhar?
u) (   ) derrepente ou (   ) de repente?
v) (   ) dignatário ou (   ) dignitário?
w) (   ) dilapidar ou (   ) delapidar?
x) (   ) desinteria ou (   ) disenteria?
y) (   ) empecilho ou (   ) impecilho?
z) (   ) enfarte ou (   ) enfarto ou (   ) infarte ou (   ) infarto?
aa) (   ) enganjamento ou (   ) engajamento?
ab) (   ) espontaneidade ou (   ) espontaniedade?
ac) (   ) estrupo ou (   ) estupro?
ad) (   ) freada ou (   ) freiada?
ae) (   ) hidrelétrica ou (   ) hidroelétrica?
af) (   ) juz ou (   ) jus?
ag) (   ) lagartixa ou (   ) largatixa?
ah) (   ) macérrima ou (   ) magérrima?
ai) (   ) manteguera ou (   ) manteigueira?
aj) (   ) mendigo ou (   ) mendingo?
ak) (   ) meretíssimo ou (   ) meritíssimo?
al) (   ) nhoque ou (   ) inhoque?
am) (   ) ovos estalados ou (   ) ovos estrelados?
an) (   ) prazerosamente ou (   ) prazeirosamente?
ao) (   ) previlégio ou (   ) privilégio?
ap) (   ) propriedade ou (   ) propiedade?
aq) (   ) receioso ou (   ) receoso?
ar) (   ) reivindicar ou (   ) reinvindicar?
as) (   ) seríssimo ou (   ) seriíssimo?
at) (   ) simplesmente ou (   ) simplismente?
au) (   ) sub-humano ou (   ) subumano?
av) (   ) terraplenagem ou (   ) terraplanagem?
aw) (   ) tricentésimo ou (   ) trecentésimo?
ax) (   ) verossimilhança ou (   ) verossemelhança?

Ortografia - parte 2

Caso 1 - porque, por que, porquê ou por quê?

1. Porque é conjunção causal ou explicativa:

   "Ele viajou, *porque* foi chamado para assinar contrato."

   "Ele não foi, *porque* estava doente."

   "Abra a janela *porque* o calor está insuportável."

   "Ele deve estar em casa *porque* a luz está acesa."

2. Porquê é a forma substantivada (= antecedida de artigo "o" ou "um"):

   "Quero saber *o porquê* da sua decisão."

   "A professora quer *um porquê* para tudo isso."

3. Por quê - antes de pausa, no fim de frase:

   "Parou *por quê*?"

   "Ele não viajou *por quê*?"

   "Se ele mentiu, eu queria saber *por quê*."

   "Eu não sei *por quê*, mas a verdade é que eles se separaram."

4. Por que

a) em frases interrogativas diretas ou indiretas:

   "*Por que* você não foi?" (=pergunta direta)

   "Gostaria de saber *por que* você não foi." (=pergunta indireta)

b) quando for substituível por *por qual*, *pelo qual*, *pela qual*, *pelos quais*, *pelas quais*:

   "Só eu sei as esquinas *por que* passei." (= pelas quais)

   "É um drama *por que* muitos estão passado." (= pelo qual)

   "Desconheço as razões *por que* ela não veio." (= pelas quais)

c) quando houver a palavra *motivo* antes, depois ou subentendida:

   "Desconheço os motivos *por que* a viagem foi adiada." (= pelos quais)

   "Não sei *por que* motivo ele não veio." (= por qual)

   "Não sei *por que* ele não veio." (= por que motivo - por qual motivo).

2. Complete as frases a seguir com *porque*, *por que*, *porquê* ou *por quê*:

a) Assinamos ________________ era um bom contrato.

b) ________________ ainda não assinaram o contrato?

c) Quero saber ________________ ainda não assinaram o contrato.

d) Não assinaram ________________?
e) Não sei as causas ________________ ele foi demitido.
f) Não sei ________________ motivo ele foi demitido.
g) Não sei ________________ ele foi demitido.
h) Não sei o ________________ da sua demissão.
i) Queremos um ________________ para tudo isso.
j) Se ele mentiu, quero saber ________________.
k) ________________ parou? Parou ________________?
l) Este é o drama ________________ o povo está passando.
m) Estão passando por este drama ________________ foram teimosos.
n) Lembro as esquinas ________________ passei.
o) Ele não sabe, ________________ chegou atrasado.
p) Ele não sabe ________________ chegou atrasado.
q) Ele não sabe o ________________ do seu atraso.
r) ________________? ________________? Repetia inconsolável a mãe.
s) Quero saber onde, quando e ________________.
t) Quer saber ________________, onde e quando.
u) Ela nunca perguntava ao pai ________________ apanhava.

3. Preencha as lacunas com a expressão adequada, conforme a numeração a seguir:

(1) ao pé (2) a pé (3) de pé (4) em pé

a) Fez todo o trajeto ________. (   )
b) O vilarejo fica ________ da serra. (   )
c) Ajoelhou-se ________ da imagem da santa. (   )
d) Os soldados puseram-se ________ à entrada do superior. (   )
e) O doente já estava ________. (   )

3. Preencha as lacunas com a palavra ou expressão mais adequada. Numere de acordo com as opções abaixo:

(1) abaixo (2) a baixo (3) baixo (4) debaixo (5) de baixo (6) embaixo

a) A temperatura no Sul estava ________ de zero. (   )
b) Na lista, o seu nome estava ________ do colega. (   )
c) Examinaram o suspeito de alto ________. (   )
d) Entrou no buraco de cabeça para ________. (   )
e) Examinava os produtos ________ para cima. (   )
f) Ficou riquíssimo, mas nunca esqueceu que veio ________. (   )
g) A modelo nada usava ________ do vestido. (   )
h) Carregava a pasta ________ do braço. (   )
i) O viaduto veio ________. (   )
j) ________ a ditadura! (   )

k) A vítima estava sem a roupa ________. (   )
l) ________ da mesa havia um par de sapatos. (   )

5. Preencha as lacunas com a palavra mais adequada, conforme a numeração a seguir:

(1) baixar (2) abaixar (3) rebaixar

a) O governo ainda não conseguiu ________ a inflação. (   )
b) Decidiu ________ o teto da sala. (   )
c) O general gostaria de ________ os militares acusados. (   )
d) Com a medida, o dólar devia ________ no câmbio negro. (   )
e) Mandou o subordinado ________ a voz. (   )
f) Não queria ________-se diante do chefe. (   )
g) O governo deve ________ um decreto até o fim desta semana. (   )
h) Os feirantes resolveram ________ os preços. (   )

Ortografia – parte 3

Caso 1 - mal ou mau?

- Mau é um adjetivo e se opõe a bom:

  "Ele é um *mau* profissional." (X *bom* profissional).

  "Ele está de *mau* humor." (X *bom* humor).

  "Ele é um *mau* caráter." (X *bom* caráter).

  "Tem medo do lobo *mau*." (X lobo *bom*).

- Mal pode ser:
  - advérbio (=opõe-se a bem):

    "Ele está trabalhando *mal*." (X trabalhando *bem*).

    "Ele foi mal treinado." (X *bem* treinado).

    "Ele está sempre *mal*-humorado." (X *bem*-humorado).

    "A criança se comportou muito *mal*." (X se comportou muito *bem*).
  - conjunção (=logo que, assim que, quando):

    "*Mal* você chegou, todos se levantaram." (= Assim que você chegou)

    "*Mal* saiu de casa, foi assaltado." (= Logo que saiu de casa).
  - substantivo (= doença, defeito, problema).

    "Ele está com um *mal* incurável." (= doença).

    "O seu *mal* é não ouvir os mais velhos." (= defeito).

6. Complete as frases a seguir com *mal* ou *mau*:

a) Ele é um ________ profissional.
b) Ele está trabalhando ________.
c) O chefe está de ________ humor.
d) O chefe está sempre ________ -humorado.
e) O empregado foi ________ treinado.
f) ________ chegou ao escritório, teve o desprazer de encontrar a ex--esposa.
g) ________ saiu de casa, foi assaltado.
h) ________ foi contratado, já demonstrou suas qualidades.
i) Houve um terrível ________-estar.
j) Ele é um grande ________-caráter.
k) Comportou-se muito ________ durante a reunião.
l) Sempre foi um ________ aluno.
m) O seu ________ é não ouvir os mais velhos.
n) Você não sabe o ________ que ela me faz.
o) Ela está com um ________ incurável.
p) Sofreu um ________ súbito.
q) Ele ________ adivinha o que pode lhe acontecer.
r) A velhinha ________ saía de casa.
s) Um falava bem; o outro, muito ________.
t) Um era bom; o outro, muito ________.

Teste de ortografia

Em cada questão, assinale a única opção que apresenta ERRO de grafia:

1.

a) Isso aconteceu agora *há* pouco.
b) Ela chegará daqui *há* pouco.
c) O hotel fica *a* poucos quilômetros do aeroporto.
d) *Há* muita gente que não acredita no projeto.
e) *Há* muitos anos que não nos vemos.

2.

a) *Há cerca de* dez mil manifestantes na Cinelândia.
b) Não nos vemos *há cerca de* dez anos.
c) Só nos veremos daqui *a cerca de* dois meses.
d) O hotel fica *a cerca de* 20 quilômetros do aeroporto.
e) Os diretores discutiam *a cerca do* novo projeto.

3.

a) Ele mora no andar *de cima*.
b) Ela mora no andar *de baixo*.
c) O cheque está *debaixo* da agenda.
d) Ele se escondeu *embaixo* da mesa.
e) O contrato ficou *encima* da sua mesa.

4.

a) Ele ocupa um cargo *abaixo* do meu.
b) Ela me olhava de alto *a baixo*.
c) Ela me olhava de baixo *para cima*.
d) A temperatura estava *abaixo* de zero.
e) A modelo não usava nada *de baixo* da saia.

5.

a) Vieram *mais* convidados que o esperado.
b) Não eram *más* ideias.
c) O projeto era muito interessante, *mais* a verba é insuficiente.
d) E agora, diretamente de Congonhas, *mais* notícias.
e) E agora *más* notícias, diretamente de Congonhas.

6.

a) Nossos problemas aumentam *dia a dia*.
b) São típicos problemas do nosso *dia a dia*.
c) Seguiu *passo a passo* as nossas orientações.
d) É preciso seguir o *passo a passo* do nosso manual.
e) É uma criança muito *mal educada*.

7.

a) É uma criança *malcriada*.
b) Ela foi muito *mal-criada* pelos pais.
c) É um membro *malformado*.
d) É um problema de *malformação*.
e) É um problema de *má-formação*.

8.

a) Era um caso de *má-criação*.
b) Ainda não recebeu o nosso *abaixo assinado*.
c) O advogado, *abaixo assinado*, será nosso representante na próxima reunião.
d) Ele caminhava *à toa* pela praia.
e) Tratava-se de um probleminha *à toa*.

9.

a) Ele só assinará o contrato, *se não* houver nenhuma nova exigência.
b) Eles devem analisar o caso esta semana; *se não*, perderão o contrato.
c) Não era caso de expulsão, *se não* de cartão amarelo.
d) Em sua atuação ontem, não houve um *senão* sequer.
e) Não se via *senão* o azul do céu.

10.

a) Estava *sob* cuidados médicos.
b) A lágrima lhe corria *sobre* a face.
c) Nada lia *tão pouco* escrevia.
d) Trabalhou muito, *por isso* merece uma boa folga.
e) Trabalhou muito, *portanto* merece uma folga.

Acentuação gráfica

Regras básicas:

1.ª) Proparoxítonas – todas.

2.ª) Paroxítonas – só as terminadas em: ã(s), ão(s), i(s), om, u(s), um, uns, ons, ps, r, x, n, l e ditongos.

1. Sabendo que todas as palavras abaixo são *proparoxítonas*, acentue-as graficamente:
   a) Calice, lampada, linguistica, prototipo, subito.
   b) Fariamos, iamos, alcool, alcoometro, alcoolico.
   c) Habito, habitat, deficit, sub judice, açucares.
   d) Onibus, deposito, amassemos, cientifico, liquido.

2. Sabendo que todas as palavras abaixo são *paroxítonas*, acentue-as quando convier:
   a) Orfã, imãs, sotão, bençãos, bodas.
   b) Hortifruti, gratis, joquei, fosseis, taxis.
   c) Cortes, coco, jiu-jitsu, bonus, virus.
   d) Campus, ambos, album, quorum, item.
   e) Albuns, eletrons, neutrons, hifens, nuvens.
   f) Revolver, senior, eter, hamburguer, poster.
   g) Latex, onix, torax, hifen, abdomen.
   h) Eletron, neutron, imovel, tunel, nivel.
   i) Possivel, niveis, tuneis, biceps, forceps.

3. Sabendo que as duas vogais finais formam encontros vocálicos átonos (fracos), acentue as palavras abaixo:
   a) Familia, premio, etereo, aerea, especie.
   b) Caries, pareos, desagua, magoa, enxaguam.
   c) Lingua, bilingue, consequencia, influencia, tenue.
   d) Mutuo, longinquo, enxaguem, ambiguo, milicia.

4. Com ou sem acento gráfico?
   a) Autópsia ou autopsia?
   b) Biópsia ou biopsia?
   c) Necrópsia ou necropsia?

d) Boêmia ou boemia?
e) Ortoépia ou ortoepia?
f) Ambrósia ou ambrosia?
g) Estratégia ou estrategia?
h) Maquinária ou maquinaria?
i) Maquinário ou maquinario?
j) Oceânia ou Oceania?
k) Deságua ou desagua?
l) Enxágua ou enxagua?
m) Averígua ou averigua?
n) Apazígua ou apazigua?
o) Mobília ou mobilia?
p) Trilíngue ou trilingue?

Regras básicas:

3.ª) Oxítonas – só as terminadas em a(s), e(s), o(s), em e ens.
4.ª) Monossílabas – só as tônicas terminadas em a(s), e(s) e o(s).

5. Sabendo que todas as palavras abaixo são *oxítonas*, acentue-as quando necessário:

a) Vatapa, Perere, abacaxi, mocoto, urubu.
b) Atras, babas, cantaras, capaz, entrega-lo.
c) Pontapes, cortes, atraves, talvez, mante-lo.
d) Sacis, baurus, servi-lo, condor, expor.
e) Apos, expos, avos, atroz, expo-lo.
f) Ninguem, vintens, amem, ele provem, tu provens.

6. Sabendo que todos os monossílabos abaixo são tônicos (substantivos, adjetivos, verbos, advérbios, pronomes, numerais), acentue-os quando necessário:

a) La, gas, mas, va, ha, da-lo.
b) Le, res, mes, cres, de, ve-lo.
c) Do, pos, nos, vos, cos, po-lo.
d) Si, quis, nu, fez, noz, cor.
e) Trem, ele tem, tu tens, ele vem, tu vens.

7. Paroxítona ou oxítona?

a) Catéter ou cateter?
b) Dúplex ou duplex?
c) Tríplex ou triplex?
d) Xérox ou Xerox?

e) Projétil ou projetil?
f) Acórdão ou acordão?
g) Ele argui ou eu argui?
h) Cáqui ou caqui?
i) Látex ou latex?
j) Ônix ou onix?
k) Míster ou mister?
l) Nóbel ou Nobel?

8. Proparoxítona ou paroxítona ou oxítona?

a) Rúbrica ou rubrica?
b) Clítoris ou clitóris?
c) Filântropo ou filantropo?
d) Íbero ou ibero?
e) Ínterim ou interim?
f) Monólito ou monolito?
g) Récorde ou recorde?
h) Acróbata ou acrobata?
i) Biótipo ou biotipo?
j) Crisântemo ou crisantemo?
k) Hieróglifo ou hieroglifo?
l) Ômega ou Omega?

9. Segundo o *novo acordo ortográfico*, acentue somente as palavras que mantiveram o acento gráfico:

a) Voo, enjoos, perdoo, coroa, abençoe.
b) Ele cre, que ele de, ele le, ele ve, tu ves.
c) Eles creem, deem, leem, veem, preveem.
d) Ele tem, ele vem, eles tem, eles vem.
e) Ele obtem, eles obtem, ele provem, eles provem.
f) Tu obtens, tu provens, ele preve, tu preves.
g) Bau, mau, grau, degrau, Jau.
h) Sauva, viuva, gaucho, reuno, saudam.
i) Eu cai, tu caiste, ele caiu, nós caimos, eles cairam.
j) Caindo, cairmos, cairem, o pais, os paises.
k) Raiz, raizes, juizo, baia, saia, faisca.
l) Proibo, contraido, atribuido, tainha, ladainha.
m) Gratuito, circuito, jesuita, fluido, possuido.
n) Icatu, Itau, Bangu, Grajau, Itu.
o) Pacaembu, Anhangabau, Parati, Icarai, Piaui.
p) Bocaiuva, baiuca, feiura, ai, ia.

q) Reu, meu, fogareu, judeu, trofeus.
r) Lei, aneis, papeis, rei, coqueteis.
s) Ideia, estreia, assembleia, colmeia, centopeia.
t) Feia, geleia, europeu, europeia, ateia.
u) Doi, anzois, farois, heroi, heroico.
v) O apoio, eu apoio, ele apoia, joio, joia.
w) Jiboia, boia, esferoide, Leo, Andreia.

10. Ponha o acento gráfico se for necessário:

a) Ontem ele não pode ir à reunião.
b) Agora ele não pode sair.
c) Ele não veio por algum motivo.
d) Ele ainda pretende por isto em prática.
e) Ele precisa dispor de mais tempo.
f) Este ônibus não para na Central do Brasil.
g) Ele se pela de medo.
h) Ele decidiu raspar os pelos do peito.
i) Ele saiu pelos fundos.
j) Viajou para o Polo Sul.
k) Joga polo aquático.
l) Comeu uma pera.

Uso do hífen

Caso 1 - Usamos hífen para criar palavras compostas

- Copo de leite: substantivo + preposição + substantivo (três palavras = copo com leite) - "Bebi um copo de leite".
- Copo-de-leite: substantivo composto (= nome de um tipo de uma planta) - "Pôs os copos-de-leite no vaso".
- Dia a dia: locução adverbial (três palavras = dia após dia, diariamente) - "Sua candidatura cresce dia a dia".
- Dia a dia: substantivo composto (= cotidiano) - "Nossos repórteres acompanham o dia a dia da seleção brasileira".
- Sem teto: preposição + substantivo (duas palavras) - "O temporal deixou várias casas sem teto".
- Sem-teto: substantivo composto - "Os sem-teto invadiram o prédio abandonado".

1. Una os elementos a seguir com ou sem hífen:

a) Pé + de + cabra =____________________________.
b) João + de + barro = ____________________________.
c) Cão + de + guarda = ____________________________.
d) Dor + de + cabeça = ____________________________.
e) Hei + de + vencer = ____________________________.
f) Tem + de + sair = ____________________________.
g) Não + me + toque = ____________________________.
h) Disse + me + disse = ____________________________.
i) Dia + a + dia = ____________________________.
j) Passo + a + passo = ____________________________.
k) À + toa = ____________________________.
l) Mal + educado = ____________________________.
m) Bem + vindo = ____________________________.
n) Democrata + cristão = ____________________________.
o) Anglo + americano = ____________________________.
p) Verde + escuro = ____________________________.
q) Verde + garrafa = ____________________________.
r) Corre + corre = ____________________________.
s) Zigue + zague = ____________________________.
t) Primeiro + ministro = ____________________________.

u) Sexta + feira = ______________________.
v) Vinte + e + seis = ______________________.
w) Trigésimo + sexto = ______________________.
x) Obra + prima = ______________________.
y) Alto + relevo = ______________________.

2. Una os elementos a seguir com ou sem hífen:

a) Grão + mestre = ______________________.
b) Grã + fino = ______________________.
c) Socio + cultural = ______________________.
d) Sócio + fundador = ______________________.
e) Socio + político + econômico = ______________________.
f) Couve + flor = ______________________.
g) Tenente + coronel = ______________________.
h) Homem + bomba = ______________________.
i) Célula + tronco = ______________________.
j) Sequestro + relâmpago = ______________________.
k) Jogo + treino = ______________________.
l) Bate + bola = ______________________.
m) Quebra + mar = ______________________.
n) Guarda + chuva = ______________________.
o) Guarda + civil = ______________________.
p) São + Paulo = ______________________.
q) São + paulino = ______________________.
r) Porto + alegrense = ______________________.
s) Sul + americano = ______________________.
t) Para + raios = ______________________.
u) Para + militares = ______________________.
v) Para + lama = ______________________.
w) Para + olimpíadas = ______________________.
x) Sem + número = ______________________.
y) Sem + terra = ______________________.

Caso 2 – Uso do hífen com prefixos

Segundo o novo acordo ortográfico, nas formações com prefixos (auto, contra, extra, infra, intra, neo, proto, pseudo, semi, supra, ultra, ante, anti, arqui, sobre) e em formações com falsos prefixos (macro, micro, mega, mini, maxi, tele...), só se emprega o hífen quando o segundo elemento começa por "H" ou quando o prefixo ou pseudo prefixo termina com a *mesma vogal* com que se inicia o segundo elemento: anti-herói, anti-imperialista, semi-hospitalar, contra-ataque, mini-hospital, micro-ônibus.

3. Qual é forma correta?

a) ( ) autoipnose ou ( ) auto-hipnose.
b) ( ) autoobservação ou ( ) auto-observação.
c) ( ) autoanálise ou ( ) auto-análise.
d) ( ) autorretrato ou ( ) auto-retrato.
e) ( ) autossustentável ou ( ) auto-sustentável.
f) ( ) automedicação ou ( ) auto-medicação.
g) ( ) contraalmirante ou ( ) contra-almirante.
h) ( ) contraindicação ou ( ) contra-indicação.
i) ( ) contrassenso ou ( ) contra-senso.
j) ( ) contraprova ou ( ) contra-prova.
k) ( ) extraoficial ou ( ) extra-oficial.
l) ( ) extracampo ou ( ) extra-campo.
m) ( ) infraepático ou ( ) infra-hepático.
n) ( ) infraassinado ou ( ) infra-assinado.
o) ( ) infraestrutura ou ( ) infra-estrutura.
p) ( ) infrarrenal ou ( ) infra-renal.
q) ( ) intrauterino ou ( ) intra-uterino.
r) ( ) intravenoso ou ( ) intra-venoso.
s) ( ) intrarracial ou ( ) intra- racial.
t) ( ) neoamburguês ou ( ) neo-hamburguês.

4. Qual é a forma correta?

a) ( ) neoacadêmico ou ( ) neo-acadêmico.
b) ( ) neozelandês ou ( ) neo-zelandês.
c) ( ) proto história ou ( ) proto-história.
d) ( ) protoevangelho ou ( ) proto-evangelho.
e) ( ) protofonia ou ( ) proto-fonia.
f) ( ) pseudoartista ou ( ) pseudo-artista.
g) ( ) pseudopoeta ou ( ) pseudo-poeta.
h) ( ) pseudossábio ou ( ) pseudo-sábio.
i) ( ) semiinterno ou ( ) semi-interno.
j) ( ) semiárido ou ( ) semi-árido.
k) ( ) semirreta ou ( ) semi-reta.
l) ( ) semisselvagem ou ( ) semi-selvagem.
m) ( ) supraanal ou ( ) supra-anal.
n) ( ) supraepático ou ( ) supra-hepático.
o) ( ) suprarrenal ou ( ) supra-renal.
p) ( ) supracitado ou ( ) supra-citado.
q) ( ) ultraaquecido ou ( ) ultra-aquecido.

r) ( ) ultraelevado ou ( ) ultra-elevado.
s) ( ) ultrarradical ou ( ) ultra-radical.
t) ( ) ultrassom ou ( ) ultra-som.

5. Qual é a forma correta?

a) ( ) ante histórico ou ( ) ante-histórico.
b) ( ) anteprojeto ou ( ) ante-projeto.
c) ( ) anterrepublicano ou ( ) ante-republicano.
d) ( ) antessala ou ( ) ante-sala.
e) ( ) antiemorrágico ou ( ) anti-hemorrágico.
f) ( ) antiinflacionário ou ( ) anti-inflacionário.
g) ( ) antiinflamatório ou ( ) anti-inflamatório.
h) ( ) antissocial ou ( ) anti-social.
i) ( ) antirracista ou ( ) anti-racista.
j) ( ) antiácido ou ( ) anti-ácido.
k) ( ) antiofídico ou ( ) anti-ofídico.
l) ( ) arquiinimigo ou ( ) arqui-inimigo.
m) ( ) arquirrival ou ( ) arqui-rival.
n) ( ) arquimilionário ou ( ) arqui-milionário.
o) ( ) arquissacerdote ou ( ) arqui-sacerdote.
p) ( ) sobreerguer ou ( ) sobre-erguer.
q) ( ) sobre humano ou ( ) sobre-humano.
r) ( ) sobreaviso ou ( ) sobre-aviso.
s) ( ) sobrecoxa ou ( ) sobre-coxa.
t) ( ) sobressair ou ( ) sobre-sair.

Caso 3 – Uso do hífen com falsos prefixos

Segundo o novo acordo ortográfico, nas formações com prefixos (auto, contra, extra, infra, intra, neo, proto, pseudo, semi, supra, ultra, ante, anti, arqui, sobre) e em formações com falsos prefixos (macro, micro, mega, mini, maxi, tele...), só se emprega o hífen quando o segundo elemento começa por "H" ou quando o prefixo ou pseudo prefixo termina com a *mesma vogal* com que se inicia o segundo elemento: anti-herói, anti-imperialista, semi-hospitalar, contra-ataque, mini-hospital, micro-ônibus.

6. Una os dois elemento abaixo com ou sem hífen:

a) Agro + negócio = ______________________.
b) Áudio + visual = ______________________.
c) Bi + campeão = ______________________.
d) Bio + ritmo = ______________________.

e) Cardio + vascular = ______________________.
f) Centro + avante = ______________________.
g) Des + harmonia = ______________________.
h) Hidro + avião = ______________________.
i) Macro + economia = ______________________.
j) Micro + computador = ______________________.
k) Micro + ondas = ______________________.
l) Mega + evento = ______________________.
m) Mega + empresário = ______________________.
n) Mini + dicionário = ______________________.
o) Mini + saia = ______________________.
p) Mini + reforma = ______________________.
q) Mini + hotel = ______________________.
r) Moto + serra = ______________________.
s) Penta + campeão = ______________________.
t) Psico + social = ______________________.
u) Radio + amador = ______________________.
v) Retro + agir = ______________________.
w) Sacro + santo = ______________________.
x) Tele + vendas = ______________________.
y) Tele + sexo = ______________________.
z) Tele + atendimento = ______________________.
aa) Tele + marketing = ______________________.
ab) Termo + elétrica = ______________________.
ac) Tetra + campeão = ______________________.
ad) Tri + campeão = ______________________.

Caso 4 – Uso do hífen com os prefixos "hiper", "inter" e "super"

Com os prefixos *"hiper"*, *"inter"* e *"super"*, devemos usar hífen se a palavra seguinte começar por "h" ou "r" – super-homem, inter-relação:

7. Qual é a forma correta?

a) ( ) hiperativo ou ( ) hiper-ativo.
b) ( ) hiperinflação ou ( ) hiper-inflação.
c) ( ) hiperreativo ou ( ) hiper-reativo.
d) ( ) hipersensível ou ( ) hiper-sensível.
e) ( ) hiper hidratação ou ( ) hiper-hidratação.
f) ( ) interclubes ou ( ) inter-clubes.
g) ( ) interescolar ou ( ) inter-escolar.
h) ( ) interracial ou ( ) inter-racial.

i) ( ) interregional ou ( ) inter-regional.
j) ( ) interestadual ou ( ) inter-estadual.
k) ( ) supercampeão ou ( ) super-campeão.
l) ( ) superfaturado ou ( ) super-faturado.
m) ( ) super habilidade ou ( ) super-habilidade.
n) ( ) superrequintado ou ( ) super-requintado.
o) ( ) supersônico ou ( ) super-sônico.

Caso 5 – Uso do hífen com o prefixo “sub”

De acordo com o novo acordo ortográfico, com o prefixo “*sub*”, só usaremos o hífen se a palavra seguinte começar por “B”, “R” ou “H”.

8. Una o prefixo sub à palavra seguinte:

a) Sub + aquático = ____________________.
b) Sub + base = ____________________.
c) Sub + chefe = ____________________.
d) Sub + delegado = ____________________.
e) Sub + editor = ____________________.
f) Sub + emprego = ____________________.
g) Sub + item = ____________________.
h) Sub + mundo = ____________________.
i) Sub + oficial = ____________________.
j) Sub + prefeitura = ____________________.
k) Sub + raça = ____________________.
l) Sub + reitor = ____________________.
m) Sub + síndico = ____________________.
n) Sub + humano = ____________________.
o) Sub + hepático = ____________________.

Caso 6 – Uso obrigatório do hífen com prefixos

Com os prefixos “além”, “aquém”, “bem”, “ex” (= anterior), “pós/pré/pró” (tônicos), “recém”, “sem”, “sota/soto”, “vice/vizo”, devemos usar o hífen.

9. Una os elementos abaixo com ou sem hífen:

a) Além + túmulo = ____________________.
b) Aquém + fronteiras = ____________________.
c) Bem + amado = ____________________.

d) Bem + dizer = ________________________.
e) Bem + vindo = ________________________.
f) Ex + deputado = ________________________.
g) Ex + portador = ________________________.
h) Pré + natal = ________________________.
i) Pré + estreia = ________________________.
j) Pre + determinado = ________________________.
k) Pre + existência = ________________________.
l) Pre + estabelecido = ________________________.
m) Pré + gravado = ________________________.
n) Pós + moderno = ________________________.
o) Pos + pôr = ________________________.
p) Pró + aborto = ________________________.
q) Pró + memória = ________________________.
r) Pro + ativo = ________________________.
s) Recém + nomeado = ________________________.
t) Vice + presidente = ________________________.

Caso 7 – Casos especiais

1.ª) Nas formações com os prefixos "circum-" e "pan-", quando o segundo elemento começa por "H", vogal, "M" ou "N", devemos usar o hífen.

2.ª) Com o prefixo "co-", o uso do hífen era obrigatório: co-autor, co-fundador, co-seno, co-tangente...

Com o novo acordo ortográfico, o hífen NÃO deverá ser usado se o segundo elemento começar por "H" ou vogal igual: coerdeiro, coorganização.

Observação: nas formações com o prefixo "co-", este se aglutina em geral com o segundo elemento mesmo quando iniciado por "o": coobrigação, coocupante, cooperar, cooperação, coordenar...

10. Una os elementos abaixo usando ou não o hífen:

a) Circum + hospitalar = ________________________.
b) Circum + navegação = ________________________.
c) Circum + murado = ________________________.
d) Circum + escolar = ________________________.
e) Pan + americano = ________________________.
f) Pan + mágico = ________________________.
g) Pan + negritude = ________________________.
h) Co + herdeiro = ________________________.
i) Co + habitante = ________________________.
j) Co + operação = ________________________.
k) Co + ordenador = ________________________.

l) Co + autor = ______________________________.
m) Co + fundador = ______________________________.
n) Co + tangente = ______________________________.
o) Co + seno = ______________________________.
p) Re + erguer = ______________________________.
q) Re + eleição = ______________________________.
r) Re + escrever = ______________________________.
s) Re + haver = ______________________________.
t) Re + ratificação = ______________________________.

Gabarito

Concordância verbal (parte 1)

1.

a) *Aconteceram* vários acidentes nesta esquina.
b) *Surgiram*, na reunião de ontem, duas soluções para o caso.
c) *Estão faltando* cinco minutos para acabar o jogo.
d) Para este tipo de conserto, *bastam* R$200,00.
e) Na fatura, *constam* sete produtos.
f) *Seguem anexos* os arquivos que você solicitou.
g) *São necessários* dois novos atacantes.
h) É *necessário* contratar dois atacantes.
i) *Basta* convocar os acusados.
j) *Está faltando* assinar quatro documentos.

2.

a) O valor dos apartamentos *subiu* 5% no ano passado.
b) O número de erros *diminuiu* muito.
c) A quantidade de produtos *é suficiente*.
d) Um de nós dois *deve* viajar a São Paulo na próxima semana.
e) Um deles *vai* ter de morar na Inglaterra.
f) Nenhum dos candidatos *desistiu*.
g) Qual de nós *fará* o trabalho?
h) Quem dentre eles *assinará* o contrato?
i) Um de nós *leu* o livro.
j) Muitos de nós *leram* o livro.

3.

a) A maioria dos inscritos *compareceu* (ou *compareceram)* à prova.
b) Boa parte dos torcedores já *está* (ou *estão)* no estádio.
c) Quase a metade dos convocados já *chegou* (ou *chegaram)* a Teresópolis.
d) A maioria dos senadores *ficou revoltada* (ou *ficaram) revoltados*.
e) Dos entrevistados, a maioria *negou*.
f) Grande parte dos problemas já *está resolvida* ou (*estão resolvidos)*.
g) Mais da metade dos alunos *foi reprovada* ou (*foram reprovados)*.
h) Um bando de marginais *fugiu* (ou *fugiram)* ontem à noite.
i) O bando já *está preso*.
j) Um grupo de empresários *viajou* (ou *viajaram)* com o Presidente.
k) Uma manada de bois *foi vendida* (ou *foram vendidos)*.
l) Uma série de casos ainda não *foi resolvida* (ou *foram resolvidos)*.
m) Cerca de dez mil pessoas *estavam* na Cinelândia.
n) Por volta de cem empregados *foram demitidos*.
o) Mais de R$ 2bilhões *estão* à disposição.

4.

a) Fui *eu* que *assinei* o contrato.
b) Fui eu *quem assinou* o contrato.
c) *Quem assinou* o contrato fui eu.
d) Fomos *nós* que *assinamos* o contrato.
e) Fomos nós *quem assinou* o contrato.
f) Ele é um dos *advogados* que *assinaram* o contrato.
g) Convidaram uma das *atrizes* que *trabalham* nesta peça teatral.
h) Ela é uma *das* que *testemunharam* o fato.
i) Ele é um *dos* que *viajaram* para a China.
j) *Um* dos *jogadores* que *foram convocados* ainda não *chegou* ao Rio de Janeiro.
k) *A maioria* dos *deputados* que *foram eleitos* neste ano já *está* em Brasília.
l) O *grupo* de *turistas* que *chegaram* ontem *é formado* por franceses.

5.

a) *Um* terço não *compareceu* à reunião.
b) *Dois* terços *compareceram* à reunião.
c) *Um* quinto da *turma faltou* às provas.
d) *Dois* quintos dos *alunos foram aprovados*.
e) *Um* quarto dos *problemas* já *está resolvido* (ou *estão resolvidos)*.
f) Dos nossos problemas, *um* quarto já *está resolvido*.
g) *Dois* terços da *frota* não *está* (ou *estão*) circulando.
h) Da frota, *dois* terços não *estão* circulando.
i) Da nossa frota de ônibus, somente *um* terço *está* circulando.
j) *Um milhão* de *crianças vive* (ou *vivem*) na miséria.
k) *Um bilhão* de *reais* já *foi gasto* (ou *foram gastos*) para resolver o problema.
l) Para enfrentar esse problema, *um milhão* já *foi gasto*.
m) *Meio milhão* de *crianças foi vacinado* (ou *foram vacinadas*) neste domingo.
n) Mais de *um milhão* de *doses de vacina será retirado* (ou *serão retiradas*) do mercado.
o) Neste ano, já *foi vendido um milhão* de carros populares.
p) *Foram gastos* R$ 1,5 milhão (um milhão e quinhentos mil reais).
q) Somente 1% *será descontado*.
r) Somente 2% *serão descontados*.
s) *Serão descontados* 10%.
t) Somente 1,5% do *povo brasileiro é* contra o horário de verão.
u) 15% dos *brasileiros* não *decidiram* o seu voto.
v) 15% do *povo brasileiro* não *decidiu* (ou *decidiram*) o seu voto.
w) Apenas 1% dos *brasileiros* ainda não *votou* (ou *votaram*).
x) Apenas 1% das *crianças brasileiras* não *foi vacinado* (ou *foram vacinadas*).

y) Apenas 5% da *população carioca votou* (ou *votaram*) nele.
z) O certo é que 12% do *imposto vai* (ou *vão*) para os municípios.
aa) Dizem que *20%* da *mata* já *está destruída* (ou *estão destruídos*).
ab) Neste vilarejo, 30% das *mulheres* estão grávidas.
ac) Já *foram chamados* 80% do eleitorado.
ad) *Os demais* 40% da população argentina *são* a favor da nova proposta.
ae) *Os restantes* 10% do eleitorado ainda não *compareceram* às urnas.

6.

a) Vossa Excelência *deve* comparecer à cerimônia.
b) Vossas Excelências *devem* comparecer à cerimônia.
c) Sua Excelência *deve* comparecer à cerimônia.

7.

a) *Consertam-se* eletrodomésticos.
b) *Procuram-se* os culpados.
c) O governo é favorável a que se *taxem* as propriedades improdutivas.
d) Ainda não se *fizeram* os estudos solicitados.
e) Ainda não se *atingiram* as metas estabelecidas pelo governo.
f) Numa final não se *admitem* erros desse tipo.
g) *Devem-se evitar* discussões inúteis.
h) *Hão de se conquistar* vários títulos.
i) *Aluga-se* quarto para homens solteiros.
j) *Precisa-se* de atendentes.
k) Não se *necessita* mais de todos esses documentos.
l) Não se *pode* acreditar em tantas mentiras.
m) *Deve-se* aspirar a cargos mais altos.
n) Nestas terras se *morre* de frio e de fome.
o) Nas cidades do sul se *vive* melhor.

8.

a) *Choveu* durante três dias e três noites.
b) *Ventava* todos os dias.
c) Aqui *faz* invernos rigorosíssimos.
d) *Choveram* pedras sobre o assaltante.
e) Seus olhos *relampejavam* de raiva.

Concordância verbal (parte 2)

1.

a) Gradativamente, a pornografia e a permissividade *foram* aumentando na nossa cidade.
b) Não nos *faltam* (ou *falta*) dedicação e força.
c) Não *importam* (ou *importa*) neste caso a porcentagem exata e o método adotado.
d) O presidente do Uruguai e sua comitiva já *chegaram*.
e) O presidente do Uruguai com sua comitiva já *chegaram*.
f) O presidente do Uruguai, com sua comitiva, já *chegou*.
g) Tanto o aluno quanto o professor *foram suspensos*.
h) Não só o aluno mas também o professor *foram suspensos*.
i) O professor, assim como o aluno, *foi suspenso*.
j) Nem o aluno nem o professor *foram suspensos* (ou *foi suspenso*).
k) Eu e os auditores *assinamos* o relatório.
l) Eu, com minha equipe, *viajei* para Brasília.
m) Eu com minha equipe *viajamos* para Brasília.
n) Tu e a tua equipe *tendes* de viajar.
o) Você e a sua equipe *têm* de viajar amanhã.

2.

a) Ou o diretor ou o gerente *deve* ir à reunião com o cliente.
b) Ou eu ou você *terá* de ir a São Paulo.
c) O diretor ou o gerente *pode* (ou *podem*) assinar este documento.
d) Dinheiro ou cheque *resolve* (ou *resolvem*) o problema dele.
e) O pintor ou o escultor *merecem* igualmente o prêmio.

3.

a) Nadar e correr *faz* (ou *fazem*) bem à saúde.
b) Fumar e beber *faz* (ou *fazem*) *mal* à saúde.
c) Beber e dirigir *é* suicídio.
d) Subir e descer o morro *fazem* parte do seu cotidiano.
e) O olhar e o caminhar *marcam* sua personalidade.

4.

a) *Existiam* muitos problemas para resolver.
b) *Havia* muitos problemas para resolver.
c) *Devem existir* dúvidas.
d) *Deve haver* dúvidas.
e) *Aconteceram* alguns incidentes.
f) *Houve* alguns incidentes.
g) No próximo concurso, *haverá* muitos inscritos.
h) No próximo concurso, *vai haver* muitos inscritos.
i) Ninguém acreditava que *houvesse* tantos inscritos.
j) Ninguém acreditava que *pudesse haver* tantos inscritos.
k) Ninguém acreditava que *houvessem ocorrido* tantos acidentes.
l) Ele não imaginava que *tivessem existido* tantas dúvidas.
m) Eles disseram que *haviam feito* o possível.
n) A verdade é que não *há* (ou *existem)* mais dúvidas a respeito do caso.
o) O fato é que *houve* (ou *aconteceram)* dois acidentes.

5.

a) Só nos veremos daqui *a* duas semanas.
b) Não nos vemos *há* duas semanas.
c) Não nos vemos *faz* duas semanas.
d) Não nos víamos *havia* duas semanas.
e) *Fazia* duas semanas que não nos víamos.
f) Já *deve haver* duas horas que ela saiu.
g) *Vai fazer* duas horas que ela saiu.
h) *Está fazendo* dez anos que ele morreu.
i) O Flamengo não vence o São Paulo *há* três anos.
j) O Flamengo não vencia o São Paulo *havia* (ou *fazia*) três anos.

6.

a) *É* 1h da madrugada.
b) *São* 13h.

c) *São* 12h30.
d) *É* meio-dia e meia.
e) *É* 1h50.
f) *São* 10 para as 2h.
g) Quando ele chegou, *deveriam ser* 11h.
h) Daqui a pouco, *vai ser* meia-noite.
i) Até o aeroporto, *são* 25 quilômetros.
j) Até o vilarejo, *devem ser* 60 quilômetros.
k) *Serão* 26 horas de espera.
l) Hoje *é* (ou *são*) 26 de junho.
m) Hoje *é* dia 26 de junho.
n) Amanhã *será* (ou *serão*) 27 de junho.
o) Ontem *foi* primeiro de abril.
p) Que dia *é* hoje?
q) Que horas *são*?

7.

a) Tudo *é* (ou *são*) hipóteses.
b) O maior problema do Rio de Janeiro *são* as chuvas de verão.
c) A prioridade do governo *são* os pobres.
d) A solução para os problemas do Vasco *serão* Edmundo e Romário.
e) O resultado da pesquisa *foram* números assustadores.
f) Estes dados *são* parte de um relatório confidencial.
g) Estes contratos *são* a última esperança da empresa.
h) O escolhido *fui* eu.
i) O responsável *vou ser* eu.
j) Os escolhidos *podemos ser* nós.
k) Ele é forte, mas não *é* dois.
l) Nós não *somos* vocês.
m) Dois jogos *é pouco* para recuperar a forma.
n) Mil dólares *é muito* por este trabalho.
o) Dez quilômetros *é demais* para mim.
p) Inimigos *é o que* não nos falta.
q) Dúvidas *é o que* mais nós temos.
r) Eleições diretas *é o que* o povo queria.
s) Quem *são* os responsáveis?
t) Que *são* seis meses?
u) Quem *foram* os convocados?
v) Quem *foi* às reuniões?

Concordância nominal

1.

a) Ele disse ter achado *estranha* a decisão do superintendente.
b) A promotoria tachou de *absurdas* as declarações do deputado.
c) O juiz considerou *ilegais* as nossas pretensões.
d) A firma pediu *emprestada* a quantia de dez mil dólares.
e) Ele disse ter achado *falsas* as suas afirmativas.
f) O atleta recebeu R$10 milhões *líquidos*.
g) Uma pequena parte do lixo é *reaproveitada*.
h) Ele ficou com parte do corpo *paralisada*.
i) Ele está com uma camisa azul e *branca*.
j) Aí está a escola com as cores verde e *branca*.
k) Ela foi chamada e chegou *rápido* (ou *rapidamente*).
l) Eles voltarão *breve* (ou *brevemente*).
m) As professoras falavam *claro* (ou *claramente*).
n) Os técnicos agiram *independente* (ou *independentemente*) de ordens superiores.
o) A cerveja desce *redondo*.
p) Nossas vidas se tornaram *melhores* do que antes.
q) Usaram alicerces *piores* que os anteriores.
r) Colocaram *melhor* os alicerces.
s) Estamos aqui para *melhor* atender os clientes.
t) Os clientes foram *melhor* (ou *mais bem*) atendidos.
u) Neste ano, as empresas se estruturaram *melhor* que no ano passado.
v) Estas empresas estão *melhor* (ou *mais bem*) estruturadas.
w) Sem dúvida, ele é o jogador *mais bem* pago.
x) Este é o relatório *mais bem* escrito.
y) Este foi o trabalho *mais mal* feito.

2.

a) Comprou motores e peças de transmissão *estrangeiros*.
b) Dentes e barbatanas foram *analisados* cuidadosamente.
c) Comprou um casaco e uma camisa *brancos* (ou *branca* = só a camisa é branca).
d) Viajou para estudar economia e cinema *franceses* (ou *francês* = só cinema é francês).
e) A língua e a literatura *inglesas* foram *as escolhidas*.
f) Comeu peixe e frutas *maduras*.
g) Só comia ovos e carne *bovina*.
h) Pediu *emprestados* um paletó e uma gravata.
i) Escolheu *má* hora e lugar para a reunião.
j) Fez tudo com força e empenho *extraordinários*.
k) Fez tudo com *extraordinária* força e empenho.

3.

a) *As polícias* civil e militar foram chamadas.
b) *A polícia* civil e a militar foram chamadas.
c) *As áreas* operacional e administrativa foram reformuladas.
d) *A área* operacional e a administrativa foram reformuladas.
e) *O setor* administrativo e financeiro foi reformulado.
f) Completou o *curso* superior e o básico em Ribeirão Preto.
g) Hastearam *as bandeiras* brasileira, argentina e uruguaia.
h) Quer aprender *a língua* inglesa, a francesa e a espanhola.
i) Discordava *das propostas* sindical e patronal.
j) Eram alunos de quinta e sexta *séries*.
k) Eram alunos da quinta e da sexta *série*.
l) Fez o primeiro e o segundo *grau* na Bahia.
m) Teve queimaduras de primeiro e segundo *graus*.
n) Nosso escritório fica no terceiro e no quarto *andar*.

4.

a) Eram problemas *político-econômicos*.
b) Eram atividades *técnico-científicas*.
c) Eram candidatos *democrata-cristãos*.
d) As tropas *anglo-americanas* invadiram o Iraque.

e) Eram questões *luso-brasileiras*.
f) Tinha olhos *azul-claros*.
g) Tinha cabelos *castanho-escuros*.
h) Eram duas camisas *rubro-negras*.
i) Eram duas camisetas *verde-amarelas*.

5.

a) Tinha olhos *verdes*.
b) Tinha cabelos *pretos*.
c) Eram duas blusas *vinho*.
d) Eram duas blusas *rosa*.
e) Eram duas camisas *laranja*.
f) Eram duas calças *cinza*.
g) Eram duas calças *verde-garrafa*.
h) Eram duas camisas *verde-bandeira*.
i) Eram duas blusas *rosa-choque*.
j) Eram duas blusas *azul-piscina*.
k) Eram botões *amarelo-ouro*.

6.

a) É meio-dia e *meia*.
b) Bebeu uma garrafa e *meia* de cerveja.
c) Bebeu um litro e *meio* de conhaque.
d) Respondeu tudo com *meias* palavras.
e) Ela ficou *meio* nervosa.
f) Ela estava *meio* estressada.
g) São alunos *meio* irrequietos.
h) Eles comeram *bastante*.
i) Os atletas saíram *bastante* cansados.
j) Já temos *provas bastantes* para incriminar o suspeito.
k) As provas são *bastantes* (ou *o bastante* ou *suficientes* ou *o suficiente*) para incriminá-lo.
l) Nós estamos com *bastantes problemas* para resolver.
m) Temos *bastantes* (ou *muitos*) casos para analisar.
n) Os opositores ficam *sós*.
o) *Só* os opositores saíram da sala.
p) *Só* vocês duas não irão à festa.
q) *Sós*, vocês duas não irão à festa, arranjem companhia.
r) Os fiscais estão trabalhando *só* (= somente) ou *sós* (sozinhos) neste projeto.
s) Foi ela *mesma* quem fez tal reclamação.
t) Nós *mesmos* decidimos adiar a reunião.
u) *Mesmo* as professoras erram aquela questão.
v) Acusaram a professora e ela *mesma* se defendeu.
w) Acusaram a professora e *mesmo* a filha não a defendeu.
x) Ela ofendeu a si *mesma*.
y) Os fortes sentimentos andam *juntos*.
z) As duas moram *juntas*.
aa) Os reservas se sentaram *junto da* comissão técnica.
ab) Os novos hotéis ficam *junto ao* viaduto.
ac) A farmácia fica *junto à* sorveteria.
ad) O presidente está preocupado com seu prestígio *com a* torcida.
ae) O problema deverá ser resolvido *com a* (ou *na* ou *pela*) diretoria.
af) Solicitaram um empréstimo *no* Banco Mundial.
ag) Segue *anexo* (ou *em anexo*) o arquivo solicitado.
ah) Seguem *em anexo* (ou *anexos*) os arquivos solicitados.
ai) Estão *anexas* as notas fiscais.
aj) A fotocópia vai *anexa*.
ak) A nota e o troco vão *anexos*.
al) Encontramos o registro *anexo* à certidão.
am) Encontramos a certidão *anexa* ao registro.

7.

a) *É proibido entrada* de estranhos.
b) *É proibida a entrada* de estranhos.
c) Não *é permitida a afixação* de cartazes.
d) *Saída* a qualquer hora, nesta empresa, não é *permitido*.
e) Aqui, *bebida alcoólica* não é *permitido*.
f) *Demissão* em massa não é *bom* para o governo.
g) *Minha demissão* não foi *boa*.
h) *Esta pimenta* é *ótima*.
i) Dizem que *pimenta* é *ótimo* para o coração.
j) É *necessário muita coragem*.
k) Muita gente, nesta sala, não é *bom* (ou *boa*).
l) Recebeu *mil* reais pelo serviço.
m) O capital é representado por *mil* ações ordinárias.
n) Eram mais de *duas* mil *dúvidas*.
o) Eram *duas* mil, *trezentas* e quarenta e cinco *crianças*.
p) Aí estão *os milhares* de dúvidas que tenho sobre o assunto.
q) *Seus milhares* de fãs apaixonadas foram ao aeroporto.
r) A pesquisa foi feita com vinte e *duas mil mulheres*.
s) A pesquisa foi feita com vinte e *dois milhões* de mulheres.
t) *Os milhões* de fãs compraram seus CDs.
u) Gostaria de dar *um milhão e meio* de sugestões.
v) Ela é uma *dos dois milhões* de pessoas entrevistadas.
w) Recebeu 1,2 *milhão* de dólares.
x) Recebeu 2,1 *bilhões* de dólares.
y) Está fazendo zero *grau*.
z) De entrada, zero *real*.
aa) *A médica* lhe agradeceu dizendo apenas *obrigada*.
ab) As parcelas *extras* ainda não foram pagas.
ac) Alugou vários filmes *pornôs*.
ad) Os dois novos sócios ainda não estão *quites* com as mensalidades.
ae) As modelos brigaram por dois vestidos *violeta*.
af) Faremos duas passeatas *monstro*.
ag) Foi advertido *haja vista* o problema criado.
ah) Foi demitido *haja vista* os problemas surgidos.
ai) Foi demitido *haja vista* as faltas cometidas.
aj) Vieram *menos* pessoas que o esperado.

Flexões nominais

1.

a) Animais; canais; iguais.
b) Degraus; graus; saraus.
c) Pastéis; coquetéis; anéis.
d) Chapéus; troféus; réus.
e) Faróis; espanhóis; gols.

2.

a) Revólveres; açúcares; mártires.

b) Juniores; seniores; hambúrgueres.
c) Folders; pôsteres; contêineres.
d) Avestruzes; gravidezes; blitzes (em português).
e) Meses; fregueses; conveses.
f) Os tênis; os lápis ; os ônibus.
g) Os vírus; campi (em latim); os câmpus (em português).
h) Os tórax (ou tóraces); os ou as xerox; os fax (ou faxes).

3.

a) Mamões; anfitriões.
b) Limões; espiões.
c) Paredões; jogões.
d) Casarões; acordões.
e) Acórdãos; bênçãos.
f) Órgãos; órfãos.
g) Cidadãos; cristãos.
h) Vãos; nãos.
i) Alemães; capitães.
j) Escrivães; tabeliães.
k) Afegãos (ou afegães); sacristãos (ou sacristães).
l) Guardiães (ou guardiões); cirurgiões (ou cirurgiães).
m) Corrimãos (ou corrimões); verões (ou verãos).
n) Anciãos (ou anciões ou anciães); aldeões (ou aldeãos ou aldeães).
o) Vilões (ou vilãos ou vilães); ermitões (ou ermitãos ou ermitães).

4.

a) Pasteizinhos; aneizinhos.
b) Casaizinhos; iguaizinhas.
c) Faroizinhos; azuizinhos.
d) Chapeuzinhos; degrauzinhos.
e) Pãezinhos; alemãezinhos.
f) Alemãzinhas; maçãzinhas.
g) Coraçõezinhos; limõezinhos.
h) Grãozinhos; irmãozinhos.
i) Florezinhas ou florzinhas; barezinhos ou barzinhos.
j) Luzinhas; cruzinhas.
k) Lapisinhos; tenisinhos.
l) Paisinhos; paizinhos.

5.

a) O número do meu CPF tem dois *setes*.
b) Na sua matrícula, há quatro *cincos*.
c) Na última prova, houve vários *noves* e só dois *dez*.
d) Vamos pôr os pingos nos *ii* (ou *is*).
e) A palavra tem dois *esses* (ou *ss*).
f) Seu sobrenome tem dois *xis* (ou *xx*).
g) Na minha turma, havia cinco *Marias* e seis *Joões*.
h) O técnico escalou os dois *Cléberes*.
i) Na festa, estavam os *Maias*, os *Andradas* e os *Sobrais* (ou *a família Sobral*).
j) Os *caeté* (ou *caetés*) enfrentaram os *pataxó* (ou *pataxós*).
k) São duas Coreias e vários Brasis.
l) Vi muitas *Paratis* e dois blindados *Urutu*.
m) Tomou dois *Melhorais* e dois comprimidos de *Doril*.
n) Bebeu três *Brahmas* e duas garrafas de *Skol*.
o) Os *Detrans* decidiram suspender a fiscalização.
p) O imposto ficou em duzentas *Ufirs*.
q) Neste ano, houve muitas *CPIs*.
r) Os *PMs* recolheram todos os *CDs*.

6.

Grupo 1 – substantivo + substantivo

a) Capitães-aviadores.
b) Cirurgiões-dentistas.
c) Tenentes-coronéis.
d) Couves-flores.
e) Micos-leões.

Grupo 2 – substantivo + substantivo (especificador)

a) Decretos-lei ou decretos-leis.
b) Livros-caixa(s).
c) Homens-bomba(s).
d) Bombas-relógio(s).
e) Sequestros-relâmpago(s).
f) Caminhões-pipa(s).
g) Jogos-treino(s).
h) Salários-família(s).
i) Homens-chave(s).
j) Laranjas-lima(s).
k) Peixes-boi(s).
l) Células-tronco(s).

Grupo 3 – substantivo + adjetivo ou numeral

a) Cartões-postais.
b) Cavalos-marinhos.
c) Boias-frias.
d) Dedos-duros.
e) Guardas-civis.
f) Altas-rodas.
g) Altos-fornos.
h) Longas-metragens.
i) Obras-primas.
j) Primeiros-ministros.
k) Segundas-feiras.
l) Terças-feiras.

Grupo 4 – verbo + substantivo

a) Guarda-chuvas.
b) Guarda-roupas.
c) Guarda-costas = os guarda-costas.
d) Arranha-céus.
e) Bate-bocas.
f) Lança-perfumes.
g) Para-choques.
h) Porta-bandeiras.
i) Quebra-mares.
j) Salva-vidas.

Grupo 5 – Adjetivo + adjetivo

a) Problemas político-econômicos.
b) Atividades técnico-científicas.
c) Candidatos social-democratas.
d) Questões luso-brasileiras.
e) Tropas anglo-americanas.
f) Camisas verde-amarelas.

g) Torcedores rubro-negros.
h) Olhos azul-claros.
i) Cabelos castanho-escuros.

Grupo 6 – cor + substantivo

a) Camisas verde-bandeira.
b) Blusas azul-piscina.
c) Calças verde-oliva.
d) Camisetas rosa-choque.

Grupo 7 – substantivo + preposição + substantivo

a) Pés de cabra.
b) Grãos de bico.
c) Pais de santo.
d) Pores do sol.
e) Joões de barro.
f) Mulas sem cabeça.
g) Fora da lei = os fora da lei.

Grupo 8 – advérbio ou preposição ou prefixo (invariáveis) + adjetivo ou substantivo (variáveis)

a) Abaixo-assinados.
b) Alto-falantes.
c) Todo-poderosos.
d) Contra-ataques.
e) Gols-contra.
f) Recém-nascidos.
g) Vice-campeões.
h) Super-homens.
i) Sem-vergonha(s).
j) Sem-terra = os sem-terra.
k) Sem-teto = os sem-teto.

Grupo 9 – reduplicações

a) Quebra-quebras.
b) Corre-corres.
c) Reco-recos.
d) Bangue-bangues.
e) Zigue-zagues.

Grupo 10 – verbo + palavra invariável

a) Topa-tudo = os topa-tudo.
b) Bota-fora = os bota-fora.
c) Entra e sai = os entra e sai.
d) Sobe e desce = os sobe e desce.
e) Disse me disse = os disse me disse.

7.

a) O coma; o milhar; o milhão.
b) O champanhe; o dó; o êxtase.
c) O guaraná; o somatório; o bilhão.
d) O tsunami; o telefonema; o tapa.
e) A alface; a cal; a (ou o) dengue.
f) A(o) personagem; o(a) cônjuge; o(a) sósia.
g) O (ou a) diabete(s); o ou a xerox (ou xérox); o chinelo.
h) O(a) omelete; o(a) fondue; a(o) musse.
i) A(o) toalete; a(o) mascote; o(a) neném.

8.

a) o cólera = doença; a cólera = raiva, ira.
b) O estepe = sobressalente; a estepe = vegetação.
c) O grama = massa (peso); a grama = relva.
d) O lotação = micro-ônibus; a lotação = capacidade de lotar.
e) O moral = ânimo; a moral = conjunto de normas, ética, conclusão.

9.

a) Anfitrião - anfitriã ou anfitrioa.
b) Árbitro - árbitra.
c) Búfalo - búfala.
d) Chefe - a chefe ou chefa.
e) Elefante - elefanta ou elefoa ou aliá.
f) Embaixador - embaixadora / embaixatriz (esposa).
g) Gambá - a gambá.
h) Imperador - imperatriz.
i) Poeta - a poeta ou poetisa.
j) Presidente - a presidente ou presidenta.
k) Tigre - tigresa.

10.

a) Foi até *o* caixa *eletrônico* para retirar dinheiro.
b) Ela é *o meu* maior ídolo.
c) Vieram *a* soldado Helena e *a* oficial Mariana.
d) Paula e Fabi são *a* oposto e *a* líbero da seleção brasileira.
e) *Os* membros daquela sociedade são apenas mulheres.
f) Gisele é *a nossa* maior modelo.

11.

a) A (ou O) Ferrari.
b) A (ou O) Mercedes.
c) A Parati.
d) O Ford.
e) A (ou O) Fiat.
f) A (ou O) Maclaren.
g) O Internacional (de Porto Alegre).
h) A Internacional (de Limeira).
i) O Palmeiras.
j) A Ponte Preta.
k) O Fluminense.
l) A Cabofriense.
m) O (ou A) Friburguense.
n) A Caldense.
o) A Matonense.
p) A Chapecoense.
q) A Sapucaiense.
r) O Juventus (de São Paulo).
s) O (ou A) Juventus (da Itália).
t) O (ou A) Internazionale.
u) O (ou A) Roma.
v) A Fiorentina.
w) O Palermo.
x) O Barcelona.
y) O Manchester United.

Flexões verbais

1.

a) *Enviaremos* (ou *vamos enviar*) os documentos solicitados até o fim desta semana.
b) *Resolveremos* (ou *vamos resolver*) seu problema em poucos dias.

c) *Conforme* (ou *de acordo com* ou *segundo*) o que ficou acertado na última reunião, o contrato só será assinado daqui a dois meses.
d) *Para confirmar* (ou *conforme*) nosso contato telefônico, a reunião foi adiada para amanhã.
e) *Em atenção a* (ou *conforme* ou *de acordo com*) sua solicitação, estamos enviando a minuta do contrato para análise.
f) A diretoria só *analisará* (ou *vai analisar*) sua proposta na próxima semana.
g) Os advogados *analisarão* (ou *vão analisar*) o caso durante toda esta semana.
h) O contrato *com* (ou *assinado pelos*) a assinatura dos quatro diretores já foi enviado.
i) Encontrou várias caixas *com* documentos secretos.
j) O atleta está inseguro, porque os dois clubes *disputam* seu passe na justiça.

2.

a) Quando foi chamado, o funcionário ainda não tinha *chegado*.
b) Quando foi solicitado, o funcionário já havia *trazido* o documento.
c) Realmente a polícia ainda não tinha *descoberto* quem dirigia o caminhão.
d) Ele foi repreendido, porque não tinha *vindo* à última reunião.
e) O juiz ainda não havia *intervindo* no caso.
f) Ultimamente o governo não tem *aceitado* as reivindicações dos sem-terra.
g) As reivindicações não serão *aceitas*.
h) As reivindicações ainda não tinham sido *aceitas*.
i) Quando foi solicitado, ele já havia *imprimido* o contrato.
j) O contrato só será *impresso* amanhã.
k) Os candidatos tinham *entregado* os currículos.
l) O diretor havia *suspendido* os alunos envolvidos no caso.
m) Acredita-se que a polícia já teria *prendido* os suspeitos.
n) Os currículos deveriam ser *entregues* até hoje.
o) Os alunos foram *suspensos* por dois dias.
p) Os suspeitos já teriam sido *presos*.
q) As contas ainda não foram *pagas*.
r) Ele foi *pego* em flagrante.
s) O jogo só foi *ganho* graças à belíssima atuação de Ronaldinho.
t) O dinheiro será *gasto* em novas contratações.
u) Ele pensou que não tinha *pago* (ou *pagado*) a conta.
v) Ele já havia *pego* (ou *pegado*) todos os documentos solicitados.
w) O Flamengo tinha *ganho* (ou *ganhado*) os dois últimos jogos no Maracanã.
x) A diretoria já teria *gasto* (ou *gastado*) todo o dinheiro.

3.

- Em locuções verbais:

a) Os convocados vão todos *viajar* hoje à noite.
b) Podem os atores indicados *sentar-se* na primeira fila.
c) O original será arquivado, devendo todas as cópias *ser* destruídas.
d) Casos como este deveriam, sempre que possível, *ser* resolvidos internamente.

- Em duas orações com o mesmo sujeito:

a) Os advogados foram chamados para *resolver* (ou *resolverem*) o problema.
b) Os empresários estão aqui para *assinar* (ou *assinarem*) o contrato.
c) Nós fomos convocados para *analisar* (ou *analisarmos*) o caso.
d) Eles foram proibidos de *sair* (ou *saírem*) de casa.
e) Eles foram obrigados a *ficar* (ou *ficarem*) em casa.
f) As secretárias remeteram as cartas sem *anexar* (ou *anexarem*) os gráficos.
g) Para *tratar* (ou *tratarem*) do assunto, os empresários foram a Brasília.
h) Ao *chegar* (ou *chegarmos*), encontraremos as portas fechadas.
i) Eles correram muito para *ser* (ou *serem*) os primeiros.
j) Os trabalhos são dignos de *ser* (ou *serem*) publicados.
k) O juiz chamou os dois para *se reconciliar* (ou *se reconciliarem*).
l) Autor e réu tinham vontade de *se agredir* (ou *se agredirem*).

- Em duas orações com sujeitos diferentes:

a) Ele fez o possível para os sindicalistas *aceitarem* a proposta.
b) O diretor deu a ordem para os advogados *assinarem* o contrato.
c) O chefe disse para nós *chegarmos* mais cedo.
d) Tomou tal decisão para os dois atacantes não se *envolverem* na discussão.
e) Presidente libera seus ministros para *subirem* (ou *subir*) em palanque.

- Quando a oração reduzida de infinitivo exerce a função de complemento:

a) O empresário convenceu os jogadores a *aceitar* a proposta do Santos.
b) A burocracia da empresa impediu os fornecedores de *entrar* na hora marcada.
c) Nós proibimos os atrasados de *ocupar* seus lugares.
d) Eles não estavam dispostos a *desistir* tão facilmente.

- Com verbos causativos (mandar, deixar, fazer, ver, ouvir, ...):

a) Mandou todos os convidados *entrarem* (ou *entrar*).
b) Mandou *entrar* todos os convidados.
c) Mandou-os *entrar*.
d) Não deixavam os filhos *dirigirem* (ou *dirigir*) sem habilitação.
e) Não os deixavam *dirigir* sem habilitação.
f) Deixai *vir* a mim as criancinhas.
g) Deixai as criancinhas *virem* (ou *vir*) a mim.
h) Ouvi todas as candidatas *cantarem* (ou *cantar*).
i) Ele não as ouviu *cantar*.

4.

a) É preciso *analisar* (ou *analisarmos* ou *analisarem*) melhor o caso.
b) É preciso vocês *analisarem* melhor o caso.
c) Para vocês, é preciso *analisar* (ou *analisarem*) melhor o caso.
d) Vamos sair logo, para *ver* (ou *vermos*) o sol.
e) Vamos sair logo, para nós *vermos* o sol.
f) Vamos sair logo, para nos *ver* (ou *vermos*) melhor.

5.

a) *Cala* a tua boca.
b) *Cale* a sua boca.
c) *Calai* a vossa boca.
d) Não *cales* a tua boca.
e) Não *cale* a sua boca.
f) Não *caleis* a vossa boca.
g) Se tu quiseres, *faz* (ou *faze*) todo o trabalho.
h) Se tu não quiseres, não *faça* o trabalho.
i) *Fazei* o que vos manda o coração.
j) Não *façais* o que vos manda o coração.
k) Se você quiser, *faça* todo o trabalho.
l) Se não quiser, não *faça* o trabalho.
m) Ele te disse: *sê* mais feliz.
n) Ele te disse: não *sejas* infeliz.
o) Ele lhe disse: *seja* mais feliz.
p) Ele lhe disse: não *seja* infeliz.
q) *Vinde* até aqui e *perdoai* aos vossos inimigos.

6.

a) Por favor, *venha* à minha sala, preciso falar com você.
b) *Ligue* para nós. Participe do nosso programa.
c) *Envie* agora os documentos que lhe pedimos hoje pela manhã.
d) *Cale* a sua boca e *fique* quieto.
e) *Vá* até o guichê 5 para receber a sua ficha de inscrição.
f) *Venda* a sua casa e *ponha* o dinheiro num fundo de ações.
g) *Faça* o seu trabalho e *veja* os resultados.
h) Vossa Excelência está muito nervoso. *Tenha* calma.
i) Só me resta lhe dizer uma coisa: *seja* feliz.
j) Acho que você não tem opção. *Assine* o documento e vamos embora.
k) Não *jogue* lixo no chão. *Mantenha* sua sala limpa.
l) Se beber, não *dirija*; se dirigir, não *beba*.
m) Não *reclame* das ordens de seus superiores.
n) Nunca *aceite* uma ordem sem que você a entenda completamente.
o) *Esqueça* suas tristezas, jamais *esqueça* suas alegrias.
p) Se alguém lhe der uma ordem, não *hesite*.
q) Não *seja* inocente. *Seja* mais esperto.

7.

■ Indicativo ou subjuntivo?

a) Ele quer que eu *fale* sobre o assunto.
b) O atacante afirmou: "O professor quer que eu *jogue* pela direita".
c) Ele garantiu que *vem* à reunião.
d) Todos esperam que ele *venha* à reunião.
e) O diretor acredita que ele *vem* (ou *venha*) à reunião.
f) Todos acham que eles *são* (ou *sejam*) a solução dos nossos problemas.
g) É preciso que eles *venham* ao encontro em Paris.
h) Era preciso que nós *fôssemos* (ou *viéssemos*) ao encontro em Paris.
i) Era preciso que eles *fossem* (ou *viessem*) ao encontro em Paris.
j) É preciso que nós *vamos* (ou *venhamos*) ao encontro em Paris.

■ Infinitivo ou futuro do subjuntivo?

a) Para *fazer* o trabalho, foram contratados novos engenheiros.
b) Se *fizer* o trabalho em dois dias, os problemas estarão resolvidos.
c) Chegaram cerca de dez mil torcedores para *verem* a decisão.
d) Ficarão tristes se eles *virem* o estado em que ficou o gramado.
e) Serão bem tratados se eles *vierem* à reunião.
f) Só resolveremos o caso quando nos *virmos* novamente.
g) Só quando *vir* o filme, ele poderá opinar.
h) Quando *revir* o lance, terá a certeza de que não foi pênalti.
i) Haverá problemas se ele não *intervier* no caso.
j) Quando eles *revirem* a posição tomada e *intervierem* naquela estrutura arcaica, a empresa voltará a crescer.
k) O produto será entregue para todos que *quiserem*.
l) Terá acesso à quadra quem *trouxer* um quilo de alimento não perecível.
m) O Vasco terá problemas se a zaga não se *impuser*.

■ Pretérito imperfeito do indicativo ou futuro do pretérito?

a) Se deixassem, ele *faria* o relatório.
b) Se não chovesse, eles *iriam* ao jogo.
c) O diretor *deveria* comparecer ao encontro, se não houvesse tanto tumulto.
d) Se fosse permitido, ele *falaria* com o Papa.
e) Se o técnico mandasse, ele *jogaria* pela ala direita.
f) Acredito que ele *seria* (ou *era*) a solução para os nossos problemas.

■ Correspondência entre tempos e modos:

a) Teremos bons resultados, se você *for* dedicado.
b) Teríamos bons resultados, se você *fosse* dedicado.
c) Preciso que você *venha* à reunião.
d) Era preciso que você *viesse* à reunião.
e) Ficaremos felizes se você *vier* à reunião.
f) É preciso que ele *intervenha* no caso.
g) Era preciso que ele *interviesse* no caso.
h) Não terá mais sossego se ele *intervier* no caso.
i) Quando o chefe solicitou, ele já *tinha feito* (ou *fizera* ou *havia feito*) o relatório.
j) Quando os advogados chegaram, o diretor já *tinha assinado* (ou *assinara*) o contrato.
k) Ninguém viu o homem que *tinha roubado* (ou *roubou* ou *roubara*) o caminhão.

8.

a) Policiais não *detiveram* os suspeitos.
b) Os feridos *mantiveram* a calma.
c) Quem *obtiver* mais pontos será o vencedor.
d) Quem se *abstiver* de votar deverá comparecer ao TRE.
e) Era preciso que eles *retivessem* mais a bola.
f) Era preciso que o Brasil *mantivesse* o empate.
g) Foram chamados aqueles que ainda não *depuseram* na CPI.
h) A verdade é que ainda não *compuseram* o samba deste ano.
i) Se ele *propuser* algo novo, a direção do banco certamente aprovará.
j) Se o novo diretor não se *impuser*, será demitido em um mês.
k) Era necessário que ele *expusesse* sua proposta com muita clareza.
l) Espero que isto o *satisfaça*.
m) É bom que os dois se *equivalham*.
n) Eles ainda não *reouveram* as obras furtadas.
o) Não sei o que aconteceria se ele não *reouvesse* seus documentos.
p) Ele não *previu* a chuva.
q) Se ele *previsse*, não teria viajado.
r) Se ele *interviesse* no caso, poderia resolver o problema.
s) Ele não *interveio* no caso.
t) Ele poderá ser aprovado, se a banca *revir* sua prova.
u) Só serão convidados se não *intervierem* na briga dos dois.
v) O juiz ainda não tinha *intervindo* naquele caso.

9.

a) É necessário que essa determinação tão antiga *seja abolida* pelos diretores.
b) Foi solicitado que se *derrube* (ou se *destrua*) este prédio (ou que este prédio *seja demolido*).
c) Espero que ninguém *sofra extorsão* por parte dele.
d) A professora mandou a aluna *colorir* o desenho.
e) Quero que ele *venha a explodir*.
f) Isto não *é adequado* à nossa realidade.
g) É provável que estas empresas *venham a falir*.
h) A verdade é que tais elementos não *foram banidos* pelo governo.
i) Os votos ainda *estão sendo computados* pela organização.
j) É possível que o prejuízo *venha a ser ressarcido* pela empresa.
k) É bom que eles se *previnam*.
l) É importante que ele *consiga reaver* tudo o que perdeu.

10.

a) É bom que ele *compita* no campeonato regional.
b) É importante que ele *repila* suas acusações.
c) O diretor quer que todos *adiram* ao programa.
d) Não acredito que você não *discirna* o falso do verdadeiro.
e) É preciso que eles *ingiram* muito líquido.
f) Não creio que ele nos *deseje* isso.
g) Espero que ele *esteja* aqui às 15h.
h) Ele quer que você *meça* suas palavras.
i) A verba *míngua* a cada dia.
j) Estes rios *deságuam* no oceano.
k) A polícia *averigua* o caso há duas semanas.
l) O delegado *argui* o banqueiro neste momento.
m) Neste momento, nós *vimos* esclarecer todas as suas dúvidas.
n) Aqui eu não *caibo*.
o) Se *coubesse* mais alguém, entraria você.
p) Ele não *creu* no que eu disse.
q) Ele não *pôde* continuar no jogo.
r) Ele sempre *quis* esse emprego.
s) Ele *requereu* todos os seus direitos.
t) O decreto ainda está *vigendo*.
u) É preciso que os diretores *viajem*.
v) Sua morte foi uma grande *perda* para todos nós.

11.

a) Alguns pilotos só *freiam* em cima da curva.
b) Nós *freamos* bem antes.
c) Antes de bater, ele *freou* forte.
d) Ele deu uma bela *freada*.
e) Ela *receia* viajar de avião.
f) Trata-se de uma pessoa muito *receosa*.
g) O filme *estreou* na semana passada.
h) Este ano, ele *ceará* com os pais.
i) É bom que *passeemos* pela manhã.
j) Eles estão *saboreando* um bom sorvete.
k) A verdade é que isto não *varia*.
l) O festival sempre *premia* atores novos.
m) Ela nunca se *maquia*.
n) Ele sempre *arria* a cortina no fim da tarde.
o) Ordenaram que o diretor *negocie* estes títulos.
p) O diretor *anseia* por novos contratos.
q) Ele já disse que não *medeia* este caso.
r) Um bom advogado *intermedeia* as negociações sem emoção.

Regência

1.

a) A decisão foi favorável *a* todos.
b) O filme é impróprio *para* (ou *a*) menores.
c) O filho é natural *de* Fortaleza.
d) O cientista é perito *em* hieróglifos.
e) Ele sente ojeriza *por* mentiras.
f) Ela foi afável *com* (ou *a*) seus parentes.
g) Ela estava ansiosa *por* viagens.
h) Ele mora muito próximo a (ou *de*) mim.
i) A decisão não foi compatível *com* seu modo de pensar.
j) Ele é residente *em* uma rua muito distante.
k) Seu escritório é situado *na* Avenida Rio Branco.
l) Esta ideia é preferível *a* qualquer outra.

2.

a) O governo almejava, para este mês, *uma* inflação menor.
b) O diretor chamou *o* funcionário à sua sala.

c) Ele não conhece *os* pais.
d) Ele desconhece *as* nossas decisões.
e) Ele não reconheceu *os* acusados.
f) O resultado das pesquisas desagradou *aos* diretores da empresa.
g) A verdade é que eles desobedeceram *ao* acordo.
h) Ele esqueceu *todos* os documentos.
i) Ele se esqueceu *de todos* os documentos.
j) Eu não lembro *seu* nome.
k) Eu não me lembro *de seu* nome.
l) A decisão do árbitro acabou favorecendo *o* Flamengo.
m) A filha namorava *o* primo.
n) Devemos obedecer *aos* sinais de trânsito.
o) Obedeça *à* sinalização.
p) O coordenador quer *todos* os professores na reunião.
q) Os alunos querem bem *a todos* os professores.
r) A secretária procedeu *ao* chamamento dos candidatos.
s) O povo não respeita mais *os* deputados.
t) Ele sempre usava *alguns* meios ilícitos.
u) Ela já pode usufruir *a* herança.
v) Acabou vencendo *o* adversário com facilidade.

3.

a) A decisão do técnico não agradou *aos* torcedores.
b) A loja agradava *as* freguesas com muitas promoções.
c) Muitos brasileiros aspiram *a um* cargo público.
d) O paulista aspira *o* ar mais poluído do Brasil.
e) O médico assistia *seus* pacientes com muita dedicação.
f) Assista *aos* jogos olímpicos pelo canal campeão.
g) O governo deve atender *aos* apelos dos aposentados.
h) Devemos atender *os* clientes imediatamente.
i) Contratamos dez meninas para atender *o* telefone.
j) Ela foi atender *a* porta.
k) Ele respondeu *que* não conhece o deputado.
l) Ele respondeu *ao* juiz.
m) Ele respondeu *ao* questionário.
n) Ele está respondendo *a três* inquéritos.
o) O garçom serviu *os* salgadinhos.
p) Ele serviu *à* pátria.
q) O diretor visou *todos* os documentos.
r) O atirador visava *o* alvo.
s) Muitos políticos visam *a este* (ou *este*) cargo.
t) Muitos políticos visam *chegar* (ou *a chegar*) ao poder.

4.

a) O professor avisou *os* alunos *de que* a prova foi adiada (ou *aos* alunos *que* a prova foi adiada).
b) A empresa deveria ter avisado *os* empregados *de todas* as alterações ocorridas no plano de trabalho (ou *aos* empregados *todas* as alterações...).
c) Ele certificou *o* incidente *ao* diretor (ou *o* diretor *do* incidente).
d) O superintendente vai cientificar *as* mudanças *aos* subordinados (ou *os* subordinados *das* mudanças).
e) Os vizinhos comunicaram *à* polícia *o* assalto.
f) O assalto só foi comunicado *à* polícia cinco horas depois.
g) O ministro ainda não informou *o* presidente *da* decisão do juiz (ou *ao* presidente *a* decisão do juiz).
h) Venho informar *os* senhores *de que* vamos alterar as metas da nossa empresa (ou *aos* senhores *que* vamos alterar as metas...).
i) O gerente informou *que* o pagamento somente será efetuado na próxima semana.
j) A polícia só foi informada *do* assalto cinco horas depois.
k) Encarregamos *o* serviço *ao* pedreiro (ou *o* pedreiro *do* serviço).
l) O pai incumbia *o* filho *de levar* o irmão à escola (ou *ao* filho *levar* o irmão à escola).
m) O professor impediu o aluno *de sair* mais cedo (ou *ao* aluno *sair* mais cedo).
n) A lei proíbe *os* brasileiros *de beber* antes de dirigir (ou *aos* brasileiros *beber* antes de dirigir).
o) Ensinava *os* seus funcionários *a usar* o computador (ou *aos* seus funcionários *usar* o computador).

5.

a) Agradecemos aos ouvintes sua preferência. (Correta)
b) O produto ainda não chegou *ao* mercado.
c) O paulistano levará algumas horas para chegar *a* casa (ou *em* casa).
d) Eles só vão *à* praia aos domingos.
e) As crianças querem ir *ao* banheiro.
f) Ele pediu a todos (para) que não faltassem.
g) Ele não consegue pagar o colégio (ou *ao* colégio).
h) Devemos perdoar *aos* nossos irmãos.
i) Não pise na grama. (Correta)
j) O carioca prefere ir à praia a trabalhar.
k) Queixava-se do colega ao seu chefe. (Correta)
l) Isto implica (em) pagamento de horas extras.

6.

a) Eles acreditam que discos voadores existam. (Correta)
b) Ele se certificou *de* que as portas estavam bem fechadas.
c) A produção subiu 10%.
d) Ela ainda estava falando *ao* telefone.
e) Bateu, porque dormiu *ao* volante.
f) Passou toda a manhã *ao* sol.
g) A persistirem os sintomas, o médico deverá ser consultado. (Correta)
h) A princípio ele era contra o acordo, depois aceitou a proposta. (Correta)
i) As entregas devem ser feitas em domicílio. (Correta)
j) Comprou dois televisores em cores. (Correta)
k) O problema só será resolvido em nível federal. (Correta)
l) Ele tem de resolver o problema até as 18h. (Correta = caso facultativo: tem *de* resolver ou tem *que* resolver)
m) Eles têm que viajar amanhã. (Correta - ou têm *de* viajar)
n) Ela está de férias. (Correta - ou *em* férias)
o) Ele ficou de pé durante toda a cerimônia. (Correta - ou *em* pé)
p) O Internacional ganhou por 2 a 0. (Correta)
q) O Flamengo e o Vasco empataram por 2 a 2. (Correta - ou *em* 2 a 2)
r) Identifique-se *na* portaria.

s) O governo conseguiu um empréstimo *no* Banco Mundial.
t) O problema só será resolvido *na* (ou *com a* ou *pela*) gerência.

7.

a) dele;
b) de ele;
c) dele;
d) dele;
e) de ele;
f) dele;
g) de ele;
h) de ele.

8.

a) de a;
b) da;
c) de a;
d) de o;
e) de os;
f) dos;
g) de as;
h) das.

Uso do acento da crase

1.

a) Ele se referiu à proposta da Silox do Brasil.
b) Não recebemos a proposta da Impetrol.
c) Obedeça à sinalização.
d) Respeite a sinalização.
e) Foi condenado à forca.
f) Isso não vale a pena.
g) Apresentaram a proposta à nova diretoria.
h) Entregou o documento às secretárias.
i) Informou à diretoria que a reunião foi adiada.
j) Informou a diretoria de que a reunião foi adiada.
k) Deu à luz um filho.
l) Fez referência à finalíssima da copa de 1970.
m) Fazia alusão a esta competição com frequência.
n) Só disse a verdade a uma jornalista desconhecida.
o) Compareceu perante a justiça.
p) Sua decisão desagradou a toda a população.
q) Esta proposta é preferível a qualquer outra.
r) Desobedeceram à ordem do técnico.
s) Esta tarefa cabe a ela e não a você.
t) A decisão não foi favorável à senhora nem a Sua Excelência.
u) Ele já está à disposição do técnico.
v) Ficou cara a cara com o goleiro.
w) Todos compareceram à reunião de ontem.
x) Ele nunca vai a reunião nenhuma.
y) Ainda não comunicaram o fato à governadora.
z) Ela é candidata a governadora.
aa) Esta é a pessoa a quem solicitaram a cópia dos contratos.
ab) Ninguém conhece a escritora a cuja obra fizeram tantos elogios.

2.

a) Esta proposta é superior à do ano passado.
b) A camisa é semelhante à do Vasco.
c) A reivindicação é idêntica à dos bancários.
d) A disciplina é igual à dos militares.
e) Esta disciplina nem lembra a dos militares.
f) Pediu que somente a da direita se levantasse.
g) Fez alusão somente às que estavam em pé.
h) Expulsaram somente as que estavam em pé.
i) Ele não respondeu à que reclamava aos gritos.
j) Ele ignorou a que reclamava aos gritos.
k) Esta é a obra que o jornalista criticou.
l) Esta é a obra a qual o jornalista criticou.
m) Esta é a obra a que o jornalista se referiu.
n) Esta é a obra à qual o jornalista se referiu.
o) A conclusão a que chegamos é que devemos desistir.
p) A conclusão à qual chegamos é que devemos desistir.
q) Esta é a cantora a quem o jornalista fez elogios.
r) Esta é a cantora à qual o jornalista fez elogios.

3.

a) Ela sempre vai àquela praia.
b) Ela não conhece aquela praia.
c) Ele não faria referência àquele caso.
d) Ele ainda não assinou aquele contrato.
e) Todos sentem aversão àquilo.
f) Ninguém comeria aquilo que serviram.
g) Prefiro aquilo a isto aqui.
h) Ele prefere isto àquilo.
i) Àquela altura, ninguém acreditava mais.
j) Ele se referiu a alguém que estava na arquibancada.

4.

a) Ele nunca foi à Europa, à África nem à Ásia.
b) Ela já foi à Inglaterra, à Suécia, à Rússia e a Israel.
c) Ela não conhece a Hungria, a China nem a Austrália.
d) Uma estrada liga a Suíça à Itália e outra liga a Espanha a Portugal.
e) Pretende ir a Londres, a Roma e a Paris.
f) Referia-se à Londres dos nevoeiros e à antiga Roma.
g) Nunca foi à Bahia, a Goiás, à Paraíba e a Pernambuco.
h) Fazia referência à progressista Porto Alegre e à sedutora Salvador.
i) Um trem vai em direção à Tijuca; o outro, a Copacabana.
j) Um vai a Angra dos Reis e o outro à cidade de Cabo Frio.
k) Ela sempre vai à casa dos pais.
l) Nas férias, gosta de ir à casa de Itaipava.
m) O bom filho voltou a casa na hora certa.
n) Ele pretende ir à terra dos seus avós.
o) A espaçonave foi a Marte e já retornou à Terra.
p) Os marujos queriam descer a terra.

5.

a) Ele chegou às 14h.
b) A reunião só terminará às 20h.
c) Ele está aqui desde as 14h.
d) A reunião foi transferida para as 20h.
e) A reunião será após as 18h.

f) A reunião pode ir até as 22h.
g) A reunião será a partir das 16h.
h) Vai sair às 13h.
i) Vai sair à 1h da tarde.
j) Vai sair a uma hora qualquer.
k) A reunião será das 14h às 18h.
l) A reunião será de duas a quatro horas.
m) Teve de esperar de uma a duas horas.
n) Ficamos abertos das 12h às 20h.
o) Estaremos abertos do meio-dia à meia-noite.
p) Trabalha de segunda a sexta, das 8h às 17h.
q) O congresso vai da próxima segunda à sexta-feira.
r) Ficou conosco de março a junho.
s) Morou no Brasil de 1980 a 1982.
t) O reajuste será de 2% a 4%.
u) Leia de 20 a 30 páginas por dia.
v) Resolva os exercícios da página 20 à 30.

6.

a) Vendeu à vista.
b) Bateu à porta.
c) Saiu à noite.
d) Entrou à força.
e) Saiu às pressas e às escondidas.
f) Vamos falar às claras.
g) Andava à toa.
h) Fez todo o trabalho à mão.
i) Gostava de andar a cavalo, mas veio a pé.
j) Não vende nada a prazo.
k) Comeu à beça.
l) Sentou-se à mesa para jantar.
m) Ficou em pé às margens do riacho.
n) Estava dois quilômetros à frente.
o) Era proibido virar à esquerda, por isso entrou à direita.
p) Ela gostava de ficar à janela apreciando o movimento.
q) Mantenha a distância.
r) Mantenha-se à distância.
s) As reuniões são sempre à tarde.
t) Começam invariavelmente às 15h.
u) Às vezes, ele aparece na reunião.
v) À última hora, mudou seu voto.
w) Foram raras as vezes em que ele veio aqui.
x) A princípio, sou contra.

7.

a) Ele escreve à (ao estilo) ou a (para) Paulo Coelho.
b) Ela se veste à moda de 1970.
c) Ela se veste à 1970.
d) A moda de 1970 está voltando.
e) Gosta de um bife à milanesa com espaguete à bolonhesa.
f) Não gosta de filé à Osvaldo Aranha; prefere um churrasco à gaúcha.
g) Ele comeu um bacalhau à Zé do Pipo; ela, um camarão à baiana.
h) Vive à custa dos pais e à base de remédios.
i) A base do triângulo mede 5cm.
j) A procura dos criminosos durou dez dias.
k) A polícia está à procura dos criminosos há dez dias.
l) O carro deve ficar à distância de dez metros.
m) Estava à beira de uma crise de nervos.
n) Vive à cata de latinhas.
o) A crise aumenta à medida que os problemas não são resolvidos.
p) À proporção que os torcedores vão chegando, o estádio fica mais lindo.

8.

a) Estamos a sua (ou à sua) disposição.
b) Voltarei a minha (ou à minha) casa.
c) Comprei a minha casa há dois anos.
d) Fez referência a minha (ou à minha) proposta.
e) Fez referência às minhas propostas.
f) Fez referência a minhas propostas.
g) Esqueceu a sua proposta, mas fez referência à minha.
h) Ele fez muitos elogios a Sua Excelência.
i) Ele se referiu a (ou à) Maria.
j) Ele não encontrou a Maria.
k) Dedicou todo seu amor a Clara.
l) Ele se referia a Cleópatra.
m) Ele foi até a praia.
n) Ficou até as 11h.

9.

a) O carro está a serviço da Globo.
b) Comida a quilo.
c) Já começou a chover.
d) Foi obrigado a convidá-lo.
e) Tráfego proibido a motocicletas.
f) Fazia alusão a situações hipotéticas.
g) Não obedecia a leis ultrapassadas.
h) Referia-se às leis estabelecidas para o caso.
i) Obras a cem metros.
j) Aludiu a sintomas estranhos.
k) Dedicou o sucesso a todos.
l) Não obedecia a ninguém.
m) Entregou os documentos a uma antiga funcionária.
n) Entregou os documentos a esta funcionária.
o) Entregou os documentos a mim e não a ela.
p) Ele se referia a D. Leopoldina.
q) Entregou as compras à Dona Maria.
r) Solicitou a receita à Doutora Maria Luísa.
s) Venceu de ponta a ponta.
t) Só respondeu a quem desejava uma explicação melhor.

10.

Pode haver crase ou não. Há autores que aceitam o uso do acento grave e outros não.

Uso dos pronomes pessoais e colocação dos pronomes átonos

1.

a) Vão entregar o contrato para *mim* ou para *ti*.
b) O contrato é para *eu* assinar.

c) O contrato é para *tu* assinares ainda hoje.
d) Ele chegou antes de *mim* (ou *ti*).
e) Ele chegou antes de *eu* viajar para Brasília.
f) Ele chegou antes de *tu* viajares para Brasília.
g) Ele fez tudo isso por *mim* (ou *ti*).
h) Ele só fez isso por *eu* não estar disponível.
i) Para *eu* aceitar a proposta, é preciso outras concessões.
j) Para *mim*, aceitar esta proposta é uma loucura.
k) Não há nada entre *mim* e você.
l) Não há nada entre *mim* e *ti*.
m) Não há nada entre *eu* sair e você ficar em casa.
n) O chefe teve de escolher entre *mim* e o filho dele.
o) Eu fiquei um pouco fora de *mim*.
p) Ela só chegou depois de *mim* (ou *ti*).
q) Ela chegou após *eu* ter feito todo o trabalho.
r) Por *mim*, ficar nervoso é a causa principal de tantas reprovações.
s) Por *eu* sempre ficar nervoso nas decisões, fui substituído.
t) Para *eu* (ou *mim*,) viver no Rio de Janeiro é questão de coragem.

2.

a) Deixaram o problema *conosco*.
b) Deixaram o problema *com nós* três.
c) Toda atividade só é importante *com nós* todos.
d) A atenção maior é *com nós* que fomos os primeiros.
e) Isto só acontece *conosco*.
f) Tudo de bom aconteceu *com nós* que nos dedicamos mais.
g) Trouxemos os resultados *conosco* ontem à tarde.
h) Estão muito satisfeitos *conosco*.
i) Estamos muitos satisfeitos *com nós* mesmos.
j) Os diretores querem uma reunião *com nós* todos ainda hoje.

3.

a) Ele te disse isso, porque deixará tudo *contigo*.
b) Ele lhe disse isso, porque deixará tudo *com você*.
c) Ele sempre carrega o passaporte *consigo*.
d) Teu chefe quer falar *contigo*.
e) Seu chefe quer falar *com você*.
f) Ele anda chateado *consigo* mesmo.

4.

a) Falam mal de *si* mesmos.
b) Gostamos muito de *você*.
c) Eu estava falando de *você*.
d) Ela anda muito chateada com *si* mesma.
e) Ele está muito senhor de *si*.
f) Os egoístas só têm olhos para *si*.
g) O chefe quer falar com *você*.
h) Os filhos vão dividir a herança entre *si*.
i) O chefe quer que a tarefa seja dividida entre *vocês*.
j) Eles brigavam entre *si*.

5.

a) Há muito tempo que não *o* vejo.
b) Vigiava-*o* durante muitas horas.
c) Cabia-*lhe* apressar o resultado.
d) Custou-*lhe* crer nisso.
e) Respeitava-*o* muito.
f) Restava-*lhe* uma esperança.
g) Desejei-*lhe* boa sorte.
h) Roubaram-*lhe* o carro.
i) Apresentaram-*lhe* o novo diretor.
j) Apresentaram-*no* ao novo diretor.
k) Avisei-*o* do incidente.
l) Avisei-*lhe* o incidente.
m) Vamos informar-*lhe* que a reunião será adiada.
n) Vamos informá-*lo* de que a reunião será adiada.
o) Devem certificá-*lo* dos resultados da pesquisa.
p) Devem cientificar-*lhe* os resultados da pesquisa.
q) Ainda não *lhe* comunicaram o assalto.
r) Encarregaram-*no* de buscar os documentos.
s) Ninguém *o* proibiu de sair.
t) Querem ensiná-*lo* a fazer a planilha.

6.

a) Assisti ao jogo. Assisti *a ele*.
b) Aspiramos a este cargo. Aspiramos *a ele*.
c) Respondeu aos interessados. Respondeu-*lhes* ou (*a eles*).
d) Paguei ao médico. Paguei-*lhe* (ou *a ele*).
e) Referiu-se aos seus méritos. Referiu-se *a eles*.
f) Obedeça aos mestres. Obedeça-*lhes* (ou *a eles*).
g) Obedeça à sinalização. Obedeça *a ela*.
h) Fez referência ao técnico. Fez referência *a ele*.

7.

a)
( ) Me parece que ele não vem à reunião.
(x) Parece-me que ele não vem à reunião.
(x) Parece a mim que ele não vem.

b)
( ) Se for possível, me ligue.
(x) Se for possível, ligue-me.
(x) Se for possível, ligue para mim.

c)
( ) Nos encontramos na reunião de ontem.
(x) Encontramo-nos na reunião de ontem.
(x) Nós nos encontramos na reunião de ontem.

d)
( ) O presidente encontrou-o em Roma.
(x) O presidente o encontrou em Roma.
( ) O presidente encontrou ele em Roma.

e)
( ) Terminada a reunião, se retiraram da sala.
(x) Terminada a reunião, retiraram-se da sala.
(x) Terminada a reunião, todos se retiraram da sala.

f)
(x) O convidado retirou-se mais cedo.
(x) O convidado se retirou mais cedo.

g)
( ) O convidado ainda não retirou-se da sala.
(x) O convidado ainda não se retirou da sala.

h)
( ) Ninguém encontrou-o em Roma.
(x) Ninguém o encontrou em Roma.

i)
( ) Sempre encontramo-nos em Roma.
(x) Sempre nos encontramos em Roma.

j)
(x) Ontem, encontramo-nos em Brasília.
(   ) Ontem, nos encontramos em Brasília.
(x) Ontem, nós nos encontramos em Brasília.
(x) Ontem nos encontramos em Brasília.

k)
(   ) Este é o restaurante em que come-se melhor.
(x) Este é o restaurante em que se come melhor.

l)
(   ) Nada foi dito porque trata-se de um assunto sigiloso.
(x) Nada foi dito porque se trata de um assunto sigiloso.

m)
(   ) Se trata-se de assunto polêmico, ele não opinará.
(x) Se se trata de assunto polêmico, ele não opinará.
(x) Caso se trate de assunto polêmico, ele não opinará.

n)
(   ) Tudo move-se.
(x) Tudo se move.

o)
(   ) Nós censurávamos-te.
(x) Nós te censurávamos.

p)
(   ) Em tratando-se de dinheiro, ele é mestre.
(x) Em se tratando de dinheiro, ele é mestre.

q)
(   ) A proposta é boa, se considerando o fato de ser em euros.
(x) A proposta é boa, considerando-se o fato de ser em euros.

r)
(x) Para não o ver, saiu mais cedo.
(x) Para não vê-lo, saiu mais cedo.

s)
(   ) Quem disse-lhe que o argentino já foi contratado?
(x) Quem lhe disse que o argentino já foi contratado?

t)
(   ) Como respeitam-no!
(x) Como o respeitam!

u)
(x) A reunião realizar-se-á somente amanhã.
(x) A reunião se realizará somente amanhã.
(   ) A reunião realizará-se somente amanhã.

v)
(   ) A reunião não realizar-se-á hoje.
(x) A reunião não se realizará hoje.

w)
(x) Ele encontrá-lo-ia em São Paulo.
(x) Ele o encontraria em São Paulo.

x)
(   ) Faria-se o possível para assinar o contrato.
(   ) Se faria o possível para assinar o contrato.
(x) Far-se-ia o possível para assinar o contrato.
(x) Seria feito o possível para assinar o contrato.

8.

a)
(   ) Lhe devo enviar os documentos.
(x) Devo-lhe enviar os documentos.
(x) Devo lhe enviar os documentos.
(x) Devo enviar-lhe os documentos.

b)
(x) Eu lhe devo enviar os documentos.
(x) Eu devo-lhe enviar os documentos.
(x) Eu devo lhe enviar os documentos.
(x) Eu devo enviar-lhe os documentos.

c)
(x) Eu não lhe devo enviar os documentos.
(   ) Eu não devo-lhe enviar os documentos.
(x) Eu não devo lhe enviar os documentos.
(x) Eu não devo enviar-lhe os documentos.

d)
(   ) Nos estavam observando.
(x) Estavam-nos observando.
(x) Estavam nos observando.
(x) Estavam observando-nos.

e)
(x) Eles nos estavam observando.
(x) Eles estavam-nos observando.
(x) Eles estavam nos observando.
(x) Eles estavam observando-nos.

f)
(x) Eles não nos estavam observando.
(   ) Eles não estavam-nos observando.
(x) Eles não estavam nos observando.
(x) Eles não estavam observando-nos.

g)
(   ) Me havia comunicado o fato.
(x) Havia-me comunicado o fato.
(x) Havia me comunicado o fato.
(   ) Havia comunicado-me o fato.

h)
(x) Ele me havia comunicado o fato.
(x) Ele havia-me comunicado o fato.
(x) Ele havia me comunicado o fato.
(   ) Ele havia comunicado-me o fato.

i)
(x) Ele não me havia comunicado o fato.
(   ) Ele não havia-me comunicado o fato.
(x) Ele não havia me comunicado o fato.
(   ) Ele não havia comunicado-me o fato.

Uso dos pronomes demonstrativos e relativos

1.

a) Trouxe os documentos...
que (ou os quais) eles pediram.
de que (ou dos quais) eles precisam.
a que (ou aos quais) eles se referiram.
que (ou os quais) eles precisam ler.
que (ou os quais) eles se esqueceram de assinar.

b) Estas são as ideias...
que (ou as quais) foram apresentadas na reunião.
em que (ou nas quais) a diretoria acredita.
de que (ou das quais) a diretoria discorda.
com que (ou com as quais) a diretoria concorda.
a que (ou às quais) a diretoria fez referência.

c) Estas são as pessoas...
que (ou as quais) compareceram à reunião.
que ou (a quem ou as quais) o chefe mais respeita.
a quem (ou às quais) o chefe entregou o novo projeto.
de quem (ou das quais) o chefe mais gosta.
em quem (ou nas quais) o chefe mais confia.

d) Este é o relatório...
cujo autor foi promovido.
cujas autoras eu não conhecia.
a cujos autores fiz vários elogios.
por cuja autora ele está apaixonado.
de cujo autor ele sempre gostou muito.

e) É linda a cidade...
onde (ou em que ou na qual) nós vivemos.
onde (ou em que ou na qual) ela nasceu.
aonde (ou a que ou à qual) eles irão nas férias.
aonde ou para onde (ou a que ou à qual ou para a qual) eles levaram seus filhos.
de onde (ou de que ou da qual) elas vêm.

2.

a) Esta é a música *de que* o povo gosta.
b) E Brasil acabou chegando ao gol *de que* tanto precisava.
c) Esta é a marca *em que* o mundo confia.
d) Estes são os dados *a que* fizeram referência.
e) Este é o diretor *que* (ou *a quem*) sempre respeitei.
f) Aqui a lista dos técnicos *com quem* pretendo viajar para Brasília.
g) Ainda não conheço a secretária do diretor *da qual* (se for da secretária) ou *do qual* (se for do diretor) o chefe fala tanto.
h) Não gosto muito do assunto *sobre o qual* conversamos ontem na reunião.
i) Isto aconteceu na semana *durante a qual* fizemos um curso de aperfeiçoamento.
j) É um funcionário *cujo* trabalho é sempre muito elogiado.
k) Ele é uma pessoa *com cujos* ideais simpatizamos muito.
l) É um político *contra cujas* ideias lutamos por toda a vida.
m) Não concordo com os argumentos *em que* (ou *nos quais*) os advogados se basearam.
n) Isto ocorreu no mês *quando* o governo alterou sua política econômica.
o) Esta é a rua *onde* eles moram.
p) Esta é a empresa *onde* nós trabalhamos.
q) Esta é a praia *aonde* ela sempre vai aos domingos.
r) Não sei *de onde* você vem, *onde* está nem *aonde* vai.
s) Era tudo *que* (ou *quanto*) ele tinha para dar.
t) Essa foi a melhor forma *como* decidimos o impasse.

3.

a) São estes os voluntários *de quem* (ou *dos quais*) a organização depende tanto.
b) Recebemos os catálogos *em cujas* páginas vi a tal propaganda.
c) Aqui estão os produtos *de que* (ou *dos quais*) se fez tanta propaganda.
d) Estes são os objetivos *a que* (ou *aos quais*) estamos voltados no momento.
e) Eis os políticos *com cujas* ideias se anima o país.
f) Foram as peças de teatro *a que* (ou *às quais*) assisti em Paris.
g) São muitos os doentes *que* (ou *a quem* ou *os quais*) nossos médicos devem assistir.
h) Não sei o motivo *por que* (ou *pelo qual*) eles não vieram.
i) Este é o assunto *sobre o qual* discutíamos ontem.
j) É nesta rua *onde* (ou *em que* ou *na qual*) fica o depósito da nossa empresa.
k) Não sei o ponto *a que* (ou *ao qual* ou *aonde*) você pretende chegar.
l) Nunca soube a hora *quando* (ou *em que* ou *na qual*) vocês se encontravam.
m) Isto ocorreu no período *quando* (ou *em que* ou *no qual*) ele era o presidente da empresa.
n) Desconheço o modo *como* ele resolveu o problema.
o) Deve ser este o método *como* ele sempre agia.
p) Deve ser este o método *que* (ou *o qual*) ele sempre adotava.
q) Isto é tudo *que* (ou *quanto*) eles possuíam.
r) Descobri o problema *de que* (ou *do qual*) devia informá-lo.
s) Descobri o problema *que* (ou *o qual*) devia informar-lhe.
t) Esta é a proposta *a que* (ou *à qual*) ele se referiu.

4.

a) *Esta* empresa em que trabalhamos passa por problemas delicados.
b) Não tenho a mínima ideia do que seja *isto* aqui.
c) Que você pretende com *isso* aí?
d) Meu amigo, como funciona *essa* maquininha que está na sua mesa.
e) *Neste* momento são exatamente 12h.
f) A medida será votada até o fim *desta* semana.
g) A safra *deste* ano é a maior desde 1999.
h) *Nesta* madrugada, houve um grave acidente no interior do Paraná.
i) *Neste* domingo, teremos a final da Copa do Mundo.
j) Os testes serão feitos em dezembro, mas as inscrições devem ser feitas *neste* mês.
k) Até a 25.ª volta, Massa liderava a corrida. *Nesse* momento, a chuva aumentou tanto que a corrida teve de ser interrompida.
l) Daqui a vinte anos, espera-se que o Brasil tenha estradas dignas. *Nessa* época, talvez seja possível fazer turismo rodoviário *neste* (ou *nesse*) país.
m) Leiloar o Banespa, *essa* era a proposta do ministro.
n) A proposta do ministro é *esta*: leiloar o Banespa.
o) Vivia chegando atrasado, por *isso* pode ser demitido.
p) *Naquela* época, viajava-se muito de trem.
q) Não encontramos mais profissionais dedicados como *naqueles* tempos.
r) Chamaram o Dr. Júlio César e a Dra. Maria dos Anjos: *esta* por ser uma cientista renomada e *aquele* por ser amigo do presidente.

5.

a) Vossa Excelência *deve* comparecer à entrevista coletiva.
b) *Tenha* paciência. Vossa Majestade anda muito nervoso.
c) Vossa Senhoria deve comparecer à reunião com *seus* convidados.
d) Vossa Excelência merece, por isso estamos a *sua* disposição para mais esclarecimentos.
e) Não quero falar com você. Preciso encontrar-me com *Sua* Excelência.
f) *Vossa* Excelência, por favor, diga-nos a sua opinião a respeito do assunto.
g) Caros leitores, não se esqueçam das palavras que *Sua* Santidade nos deixou em sua última viagem ao Brasil.
h) Preciso falar com Sua *Excelência*, o governador do Pará.

i) Sua *Alteza*, o Príncipe Charles, viajará amanhã para a França.
j) Será que Vossa Majestade *viajará* com *sua* comitiva para o Brasil?

Ortografia – uso das letras

Teste 1

1. A - acareação.
2. C - despender.
3. C - irrequieto.
4. B - prevenir.
5. C - dentifrício.
6. A - digladiar.
7. C - influi.
8. B - meritíssimo.

Teste 2

1. B - angélico.
2. D - gergelim.
3. A - herege.
4. D - tigela.
5. E - gorjear.
6. A - gorjeta.
7. B - laje.
8. C - sarjeta.

Teste 3

1. E - botequim.
2. D - engolir.
3. D - maometano.
4. E - poleiro.
5. E - acudir.
6. B - bueiro.
7. B - jabuticaba.
8. A - tábua.
9. C - lóbulo.
10. B - usufruto.

Teste 4

1. A - acessório.
2. E - cílio.
3. D - disfarce.
4. D - obcecado.
5. B - abstenção.
6. C - caçarola.
7. D - camurça.
8. C - contorção.
9. B - disfarçar.
10. C - extinção.
11. A - maçante.
12. D - pinça.
13. E - soçobrar.
14. C - mormaço.

Teste 5

1. A - abscesso.
2. D - discente.
3. D - fascínio.
4. D - lascivo.
5. B - obsceno.
6. B - piscicultura.
7. E - suscitar.
8. B - exceção.
9. A - excêntrico.
10. C - descentralização.

Teste 6

1. D - ascensão.
2. A - compreensão.
3. E - descansar.
4. A - dimensão.
5. B - estender.
6. D - hortênsia.
7. A - incursão.
8. B - obsessão.
9. C - pretensão.
10. D - repulsa.
11. E - subsidiar.
12. E - imersão.
13. B - admissão.
14. A - assessoria.
15. E - concessão.
16. D - dissídio.
17. C - endossar.
18. A - excessivo.
19. A - pêssego.
20. C - repercussão.
21. C - ressentir.
22. B - secessão.

Teste 7

1. C - destro.
2. C - esplendor.
3. C - explanar.
4. B - espremer.
5. A - estender.
6. A - estornar.
7. B - justaposição.

Teste 8

1. D - análise.
2. E - atraso.
3. D - brasa.
4. D - catalisar.
5. A - cesariana.
6. D - cortesia.
7. D - extravasar.
8. C - fusível.
9. B - gasolina.
10. A - hesitar.
11. B - revezamento.
12. C - lisura.
13. A - masoquismo.
14. E - paralisação.
15. E - pitonisa.
16. B - princesa.

17. C - rasura.
18. C - rês.
19. A - resenha.
20. C - tosar.

Teste 9

1. E - baliza.
2. E - coalizão.
3. E - dizimar.
4. A - enfezar.
5. D - granizo.
6. E - perdiz.
7. E - primazia.
8. D - rodízio.
9. B - tornozelo.
10. E - exasperar.
11. E - exonerar.
12. A - exorbitar.

Teste 10

1. B - princesinha.
2. B - paralisar.
3. D - profetizar.
4. C - marquesa.
5. B - finlandesa.
6. E - viuvez.
7. E - inteireza.
8. A - escassez.
9. E - norueguês.
10. D - gaguez.

Teste 11

1. C - caxumba.
2. B - enxada.
3. B - faxina.
4. C - taxativo.
5. C - apetrecho.
6. A - cachimbo.
7. A - chuchu.
8. E - fachada.
9. E - pechincha.
10. A - rachadura.

Teste 12

1. E - hindu.
2. A - holofote.
3. C - hepático.
4. B - herbívoro.
5. A - hibernal.
6. E - hodierno.

Teste 13

a) abóbada ou abóboda.
b) adivinhar.
c) advogado.
d) aleijado.
e) arteriosclerose.
f) asterisco.
g) astigmatismo.
h) aterrissar ou aterrizar.
i) bandeja.
j) beneficente.
k) cabeleireiro.
l) calvície.
m) caranguejo.
n) chimpanzé ou chipanzé.
o) catorze ou quatorze.
p) cinquenta.
q) companhia.
r) criminologista.
s) depredar.
t) descarrilar ou descarrilhar.
u) de repente.
v) dignatário ou dignitário.
w) dilapidar.
x) disenteria.
y) empecilho.
z) enfarte ou enfarto ou infarte ou infarto.
aa) engajamento.
ab) espontaneidade.
ac) estupro.
ad) freada.
ae) hidrelétrica ou hidroelétrica.
af) jus.
ag) lagartixa.
ah) macérrima ou magérrima.
ai) manteigueira.
aj) mendigo.
ak) meritíssimo.
al) nhoque.
am) ovos estalados ou ovos estrelados.
an) prazerosamente.
ao) privilégio.
ap) propriedade.
aq) receoso.
ar) reivindicar.
as) seríssimo ou seriíssimo.
at) simplesmente.
au) sub-humano ou subumano.
av) terraplenagem ou terraplanagem.
aw) tricentésimo ou trecentésimo.
ax) verossimilhança.

2.

a) Assinamos *porque* era um bom contrato.
b) *Por que* ainda não assinaram o contrato?
c) Quero saber *por que* ainda não assinaram o contrato.
d) Não assinaram *por quê*?
e) Não sei as causas *por que* ele foi demitido.
f) Não sei *por que* motivo ele foi demitido.
g) Não sei *por que* ele foi demitido.
h) Não sei o *porquê* da sua demissão.
i) Queremos um *porquê* para tudo isso.
j) Se ele mentiu, quero saber *por quê*.
k) *Por que* parou? Parou *por quê*?

l) Este é o drama *por que* o povo está passando.
m) Estão passando por este drama *porque* foram teimosos.
n) Lembro as esquinas *por que* passei.
o) Ele não sabe, *porque* chegou atrasado.
p) Ele não sabe *por que* chegou atrasado.
q) Ele não sabe o *porquê* do seu atraso.
r) *Por quê? Por quê?* Repetia inconsolável a mãe.
s) Quero saber onde, quando e *por quê*.
t) Quer saber *por quê*, onde e quando.
u) Ela nunca perguntava ao pai *por que* (ou *porque*) apanhava.

3.

a) Fez todo o trajeto *a pé*. (2)
b) O vilarejo fica *ao pé* da serra. (1)
c) Ajoelhou-se *ao pé* da imagem da santa. (1)
d) Os soldados puseram-se *de pé* (ou *em pé*) à entrada do superior. (3 ou 4)
e) O doente já estava *de pé* (ou *em pé*). (3 ou 4)

4.

a) A temperatura no Sul estava *abaixo* de zero. (1)
b) Na lista, o seu nome estava *abaixo* (ou *debaixo*) do colega. (1 ou 4)
c) Examinaram o suspeito de alto *a baixo*. (2)
d) Entrou no buraco de cabeça para *baixo*. (3)
e) Examinava os produtos *de baixo* para cima. (5)
f) Ficou riquíssimo, mas nunca esqueceu que veio *de baixo*. (5)
g) A modelo nada usava *debaixo* (ou *embaixo*) do vestido. (4 ou 6)
h) Carregava a pasta *debaixo* (ou *embaixo*) do braço. (4 ou 6)
i) O viaduto veio *abaixo*. (1)
j) *Abaixo* a ditadura! (1)
k) A vítima estava sem a roupa *de baixo*. (5)
l) *Debaixo* (ou *embaixo*) da mesa havia um par de sapatos. (4 ou 6)

5.

a) O governo ainda não conseguiu *baixar* (ou *abaixar*) a inflação. (1 ou 2)
b) Decidiu *rebaixar* o teto da sala. (3)
c) O general gostaria de *rebaixar* os militares acusados. (3)
d) Com a medida, o dólar devia *baixar* (ou *abaixar*) no câmbio negro. (1 ou 2)
e) Mandou o subordinado *baixar* (ou *abaixar*) a voz. (1 ou 2)
f) Não queria *baixar-se* (ou *abaixar-se* ou *rebaixar-se*) diante do chefe. (1 ou 2 ou 3)
g) O governo deve baixar um decreto até o fim desta semana. (1)
h) Os feirantes resolveram baixar (ou abaixar) os preços. (1 ou 2)

6.

a) Ele é um *mau* profissional.
b) Ele está trabalhando *mal*.
c) O chefe está de *mau* humor.
d) O chefe está sempre *mal*-humorado.
e) O empregado foi *mal* treinado.
f) *Mal* chegou ao escritório, teve o desprazer de encontrar a ex-esposa.
g) *Mal* saiu de casa, foi assaltado.
h) *Mal* foi contratado, já demonstrou suas qualidades.
i) Houve um terrível *mal*-estar.
j) Ele é um grande *mau*-caráter.
k) Comportou-se muito *mal* durante a reunião.
l) Sempre foi um *mau* aluno.
m) O seu *mal* é não ouvir os mais velhos.
n) Você não sabe o *mal* que ela me faz.
o) Ela está com um *mal* incurável.
p) Sofreu um *mal* súbito.
q) Ele *mal* adivinha o que pode lhe acontecer.
r) A velhinha *mal* saía de casa.
s) Um falava bem; o outro, muito *mal*.
t) Um era bom; o outro, muito *mau*.

Teste de ortografia

1. B - Ele chagará daqui a pouco.
2. E - Os diretores discutiam acerca do novo projeto.
3. E - O contrato ficou em cima da mesa.
4. E - A modelo não usava nada debaixo da saia.
5. C - O projeto era muito interessante, mas a verba é insuficiente.
6. E - Era uma criança mal-educada.
7. B - Ela foi muito mal criada pelos pais.
8. B - Ainda não recebeu o nosso abaixo-assinado.
9. C - Não era caso de expulsão, senão de cartão amarelo.
10. C - Nada lia tampouco escrevia.

Acentuação gráfica

1.

a) Cálice, lâmpada, linguística, protótipo, súbito.
b) Faríamos, íamos, álcool, alcoômetro, alcoólico.
c) Hábito, habitat (sem acento), déficit ou deficit, sub judice (sem acento), açúcares.
d) Ônibus, depósito, amássemos, científico, líquido.

2.

a) Órfã, ímãs, sótão, bênçãos, bodas.
b) Hortifrúti, grátis, jóquei, fósseis (ou fôsseis), táxis.
c) Cortes, coco, jiu-jítsu, bônus, vírus.
d) Campus (ou câmpus), ambos, álbum, quórum, item.
e) Álbuns, elétrons, nêutrons, hifens, nuvens.
f) Revólver, sênior, éter, hambúrguer, pôster.
g) Látex, ônix, tórax, hífen, abdômen.
h) Elétron, nêutron, imóvel, túnel, nível.
i) Possível, níveis, túneis, bíceps, fórceps.

3.

a) Família, prêmio, etéreo, aérea, espécie.
b) Cáries, páreos, deságua, mágoa, enxáguam.
c) Língua, bilíngue, consequência, influência, tênue.
d) Mútuo, longínquo, enxáguem, ambíguo, milícia.

4.

a) Autópsia ou autopsia.
b) Biópsia ou biopsia.

c) Necrópsia ou necropsia.
d) Boêmia ou boemia.
e) Ortoépia ou ortoepia.
f) Ambrosia.
g) Estratégia.
h) Maquinaria.
i) Maquinário.
j) Oceânia ou Oceania.
k) Deságua.
l) Enxágua.
m) Averigua.
n) Apazigua.
o) Mobília.
p) Trilíngue.

5.

a) Vatapá, Pererê, abacaxi, mocotó, urubu.
b) Atrás, babás, cantarás, capaz, entregá-lo.
c) Pontapés, cortês, através, talvez, mantê-lo.
d) Sacis, baurus, servi-lo, condor, expor.
e) Após, expôs, avós, atroz, expô-lo.
f) Ninguém, vinténs, amém, ele provém, tu provéns.

6.

a) Lá, gás, más, vá, há, dá-lo.
b) Lê, rês, mês, crês, dê, vê-lo.
c) Dó, pós ou pôs, nós, vós, cós, pô-lo.
d) Si, quis, nu, fez, noz, cor.
e) Trem, ele tem, tu tens, ele vem, tu vens.

7.

a) Cateter.
b) Dúplex ou duplex.
c) Tríplex ou triplex.
d) Xérox ou Xerox.
e) Projétil ou projetil.
f) Acórdão ou acordão.
g) Ele argui ou eu argui.
h) Cáqui ou caqui.
i) Látex.
j) Ônix.
k) Mister.
l) Nobel.

8.

a) Rubrica.
b) Clitóris.
c) Filantropo.
d) Ibero.
e) Ínterim.
f) Monólito ou monolito.
g) Recorde.
h) Acróbata ou acrobata.
i) Biótipo ou biotipo.
j) Crisântemo.
k) Hieróglifo ou hieroglifo.
l) Ômega.

9.

a) Voo, enjoos, perdoo, coroa, abençoe.
b) Ele crê, que ele dê, ele lê, ele vê, tu vês.
c) Eles creem, deem, leem, veem, preveem.
d) Ele tem, ele vem - eles têm, eles vêm.
e) Ele obtém, eles obtêm, ele provém, eles provêm.
f) Tu obténs, tu provéns, ele prevê, tu prevês.
g) Baú, *mau*, grau, degrau, Jaú.
h) Saúva, viúva, gaúcho, reúno, saúdam.
i) Eu caí, tu caíste, ele caiu, nós caímos, eles caíram.
j) Caindo, cairmos, caírem, o país, os países.
k) Raiz, raízes, juízo, baía, saía, faísca.
l) Proíbo, contraído, atribuído, tainha, ladainha.
m) Gratuito, circuito, jesuíta, fluído, possuído.
n) Icatu, Itaú, Bangu, Grajaú, Itu.
o) Pacaembu, Anhangabaú, Parati, Icaraí, Piauí.
p) Bocaiuva, baiuca, feiura, aí, ia.
q) Réu, meu, fogaréu, judeu, troféus.
r) Lei, anéis, papéis, rei, coquetéis.
s) Ideia, estreia, assembleia, colmeia, centopeia.
t) Feia, geleia, europeu, europeia, ateia.
u) Dói, anzóis, faróis, herói, heroico.
v) O apoio, eu apoio, ele apoia, joio, joia.
w) Jiboia, boia, esferoide, Leo, Andreia.

10.

a) Ontem ele não pôde ir à reunião.
b) Agora ele não pode sair.
c) Ele não veio por algum motivo.
d) Ele ainda pretende pôr isto em prática.
e) Ele precisa dispor de mais tempo.
f) Este ônibus não para na Central do Brasil.
g) Ele se pela de medo.
h) Ele decidiu raspar os pelos do peito.
i) Ele saiu pelos fundos.
j) Viajou para o Polo Sul.
k) Joga polo aquático.
l) Comeu uma pera.

Uso do hífen

1.

a) Pé-de-cabra (planta) ou pé de cabra (alavanca metálica).
b) João-de-barro.
c) Cão-de-guarda.
d) Dor de cabeça.
e) Hei de vencer.
f) Tem de sair.
g) Não me toque (melindres) ou não-me-toques (planta).
h) Disse me disse.
i) Dia a dia (dia após dia ou cotidiano).
j) Passo a passo (locução adverbial ou locução substantiva).
k) À toa (locução adverbial ou locução adjetiva).

- l) *Mal* educado (= advérbio + particípio) ou *mal*-educado (= adjetivo).
- m) Bem-vindo ou Benvindo (= nome próprio).
- n) Democrata-cristão.
- o) Anglo-americano.
- p) Verde-escuro.
- q) Verde-garrafa.
- r) Corre-corre.
- s) Zigue-zague.
- t) Primeiro-ministro.
- u) Sexta-feira.
- v) Vinte e seis.
- w) Trigésimo sexto.
- x) Obra-prima.
- y) Alto-relevo.

2.

- a) Grão-mestre.
- b) Grã-fino.
- c) Sociocultural.
- d) Sócio-fundador.
- e) Sociopolítico-econômico.
- f) Couve-flor.
- g) Tenente-coronel.
- h) Homem-bomba.
- i) Célula-tronco.
- j) Sequestro-relâmpago.
- k) Jogo-treino.
- l) Bate-bola.
- m) Quebra-mar.
- n) Guarda-chuva.
- o) Guarda-civil.
- p) São Paulo.
- q) São-paulino.
- r) Porto-alegrense.
- s) Sul-americano.
- t) Para-raios.
- u) Paramilitares.
- v) Para-lama.
- w) Paraolimpíadas.
- x) Sem número ou sem-número (= inúmeros).
- y) Sem terra ou o sem-terra (= substantivo).

3.

- a) auto-hipnose.
- b) auto-observação.
- c) autoanálise.
- d) autorretrato.
- e) autossustentável.
- f) automedicação.
- g) contra-almirante.
- h) contraindicação.
- i) contrassenso.
- j) contraprova.
- k) extraoficial.
- l) extracampo.
- m) infra-hepático.
- n) infra-assinado.
- o) infraestrutura.
- p) infrarrenal.
- q) intrauterino.
- r) intravenoso.
- s) intrarracial.
- t) neo-hamburguês.

4.

- a) neoacadêmico.
- b) neozelandês.
- c) proto-história.
- d) protoevangelho.
- e) protofonia.
- f) pseudoartista.
- g) pseudopoeta.
- h) pseudossábio.
- i) semi-interno.
- j) semiárido.
- k) semirreta.
- l) semisselvagem.
- m) supra-anal.
- n) supra-hepático.
- o) suprarrenal.
- p) supracitado.
- q) ultra-aquecido.
- r) ultraelevado.
- s) ultrarradical.
- t) ultrassom.

5.

- a) ante-histórico.
- b) anteprojeto.
- c) anterrepublicano.
- d) antessala.
- e) anti-hemorrágico.
- f) anti-inflacionário.
- g) anti-inflamatório.
- h) antissocial.
- i) antirracista.
- j) antiácido.
- k) antiofídico.
- l) arqui-inimigo.
- m) arquirrival.
- n) arquimilionário.
- o) arquissacerdote.
- p) sobre-erguer.
- q) sobre-humano.
- r) sobreaviso.
- s) sobrecoxa.
- t) sobressair.

6.

- a) Agronegócio.
- b) Audiovisual.
- c) Bicampeão.
- d) Biorritmo.
- e) Cardiovascular.
- f) Centroavante.

g) Desarmonia.
h) Hidroavião.
i) Macroeconomia.
j) Microcomputador.
k) Micro-ondas.
l) Megaevento.
m) Megaempresário.
n) Minidicionário.
o) Minissaia.
p) Minirreforma.
q) Mini-hotel.
r) Motosserra.
s) Pentacampeão.
t) Psicossocial.
u) Radioamador.
v) Retroagir.
w) Sacrossanto.
x) Televendas.
y) Telessexo.
z) Teleatendimento.
aa) Telemarketing.
ab) Termoelétrica ou termelétrica.
ac) Tetracampeão.
ad) Tricampeão.

7.

a) hiperativo.
b) hiperinflação.
c) hiper-reativo.
d) hipersensível.
e) hiper-hidratação.
f) interclubes.
g) interescolar.
h) inter-racial.
i) inter-regional.
j) interestadual.
k) supercampeão.
l) superfaturado.
m) super-habilidade.
n) super-requintado.
o) supersônico.

8.

a) Subaquático.
b) Sub-base.
c) Subchefe.
d) Subdelegado.
e) Subeditor.
f) Subemprego.
g) Subitem.
h) Submundo.
i) Suboficial.
j) Subprefeitura.
k) Sub-raça.
l) Sub-reitor.
m) Subsíndico.
n) Sub-humano.
o) Sub-hepático.

9.

a) Além-túmulo.
b) Aquém-fronteiras.
c) Bem-amado.
d) Bem-dizer.
e) Bem-vindo.
f) Ex-deputado.
g) Exportador.
h) Pré-natal.
i) Pré-estreia.
j) Predeterminado.
k) Preexistência.
l) Preestabelecido.
m) Pré-gravado.
n) Pós-moderno.
o) Pospor.
p) Pró-aborto.
q) Pró-memória.
r) Proativo.
s) Recém-nomeado.
t) Vice-presidente.

10.

a) Circum-hospitalar.
b) Circum-navegação.
c) Circum-murado.
d) Circum-escolar.
e) Pan-americano.
f) Pan-mágico.
g) Pan-negritude.
h) Coerdeiro.
i) Coabitante.
j) Cooperação.
k) Coordenador.
l) Coautor.
m) Cofundador.
n) Cotangente.
o) Cosseno.
p) Reerguer.
q) Reeleição.
r) Reescrever.
s) Reaver.
t) Rerratificação.